朝日新書
Asahi Shinsho 896

「外圧」の日本史

白村江の戦い・蒙古襲来・黒船から現代まで

本郷和人
簑原俊洋

朝日新聞出版

まえがき

簑原俊洋

筆者の容姿はいわゆる〝日本人〟なのですが、実は日系アメリカ人です。いつも出身地は最も長く住んでいた南カリフォルニアのオレンジ郡と答えていますが、幼少期にはオハイオ州の片田舎にも住んでいました。デイトンからそう遠くないティプ・シティーというその小さな町は、白人労働者が主に暮らしているところでした。当時の記憶では、冬の深い積雪しか鮮明に覚えていませんが、父親によれば、われわれ一家がその町に初めて引っ越してきたアジア系の家族ということでした。

一九七〇年代前半、中西部の小さな町でのアジア系はまだ珍しかったため、ティプ・シティーの白人たちは日曜日の教会での礼拝が終わったあと、物見がてら我が家に立ち寄ることがありました。そして父親が玄関を開けると、人生で初めて見るアジア人に目を丸くして興味津々に見つめるものの、彼らはみなフレンドリーだったと両親から後になって聞きました。当然、私が通っていた幼稚園にも白人児童しかいませんでしたので、いつも仲良く遊んでいたのもみな白人でした。なので私には差別を受けた、あるいは虐められたという思い出はなく、無邪気に彼らと「ごっこ」遊びをしていたことしか覚えていません。その結果、私は人種の違いを意識することなく育ちました。

小学校に上がる時に、アジア系が多く居住する南カリフォルニアへ家族とともに引っ越し、高校卒業と同時にカリフォルニアの州都サクラメントに近い公立大学で国際関係を学びました。当時、政治学や経済学の教授の多くは、アメリカは衰退の一途をたどり、日本が世界を席巻する日は迫りつつあると危機感を大いに募らせていました。それくらいこの時代の日本には凄まじい勢いがあり、必然的にアメリカは日本を最大のライバル国とみなしていました。米通商法スーパー三〇一条によって象徴される日米経済摩擦が激しい最中でした。

その時の私は、日本については漠然としか理解していなかったものの、人口やGDPの規模は日米では全然違いますし、アメリカはとてつもない底力がある国だと考えていたため、日本がアメリカを抜くなんてあり得ないと確信し、こうした教授たちによく反論していました。他方で、ここまで彼らが怯える日本の実態はどのようなものなのだろう。日本は自分のルーツである国でもあるし、日本は本当にアメリカを追い越す実力を有しているのかを知りたいと思い、日本への大学院留学を決意しました。

日本についての知識を得るための留学であったものの、いざ日本に来るといかに普通の日本人がアメリカについて知らないかに唖然とさせられました（逆もそうですが）。日本にとって最も大事な二国間関係であるはずなのに、概して表層的な理解に留まっていると感じたのです。それゆえ、日米関係の過去、現在、そして展望を研究の中心に据えつつ、日本では対米理解を、アメリカでは対日理解の深化に貢献することを研究者としての目標としました。この時の思いは、未だに私の中にあり、それだけにいずれライフワークの一つとして戦前および戦後の日米関係を考察した本を執筆しなければと思っています。

こうした気持ちに、数年前から新たな目標が加わりました。日本の教育では平和については熱心に教えるものの、軍事問題についてはほとんど触れません。これでは安全保障に対する理解はどうしても不完全なものとなります。事実、日本では安全保障の担保は当然のこととして捉えられ、汗をかかずとも平和は永続すると思われています。しかし、それはアメリカの圧倒的な強さによって平和が維持されてきた時代の話です。アメリカの優位性が相対的に失われる過程でパックス・アメリカーナが揺らぎはじめているのは特に驚くべきことではありません。それを如実に示したのが、二〇二二年二月二十四日のロシアによるウクライナへの侵略ではないでしょうか。

分断された昨今のアメリカの国内情勢を見ると、私の不安は増すばかりです。フランスの思想家モンテスキューは『法の精神』において、民主政治は全人民の政治参加が可能な「小さな領土」においてしか容易ではないと考えました。これに対して、アメリカ合衆国憲法の父の一人で、第四代アメリカ合衆国大統領のジェームズ・マディソンは異論を唱え、国家の規模が大きい方が国力も大きくなり、世界に及ぼし得る影響力も増す上に、民主主義を潰そうとする対外的な脅威に対してもより強靭化できると考えていました。大きい国家であればあるほど住む地域によって主義主張に多様性が生じますが、彼は連邦制の導入によってこの問題を乗り越えられると信じていました。当時はごく一部のエリートにしか選挙権が与えられなかった時代ですが、有権者が一気に拡大し、SNSによって簡単にメッセージを発信できる現在では、ポピュリズムへの傾倒を阻止するのは困難です。トランプの様な国家の分断からこそ政治力を得るリーダーの出現によって、マディソンの理想に基づく民主主義国家の実験はもはや終わりに近づいているのかもしれません。

分断が深刻化し、国内問題に追われてアメリカがより内向きになると、世界がさらに不安定となる可能性も否めません。野心を隠さない中国、連日ミサイルを発射する北朝鮮、そしてウクライナでの戦争の長期戦が必至といった状況において、私は次の大きな戦争の微かな足音が聞こえてくるような気がします。

健全な民主主義において軍事に対するシビリアン・コントロールは肝要です。しかし、軍事についてわからない、あるいは関心がない日本のシビリアンはいかにしてミリタリーをコントロールできるのでしょうか。やはり肝要なのは、シビリアン・アウェアネスであり、これを欠いてシビリアン・コントロールが成立するはずがありません。

同様に、平和を唱えるだけでは決して平和は担保できません。平和はそれなりの代償を払ってつくられるものであり、またしっかりと維持しなければなりません。しかし、平和の存在が前提となっている日本は、欧米諸国と比較してリアリズムの意識が希薄であり、その結果いざ有事となった場合、振り子が左から右へ大きく振れ、一気に「イケイケどんどん」となる可能性があります。国益を礎とするリアリズムが涵養されているならば、これが重石となることで振り子が極端に振れるのを防止できます。これこそが成熟した国家の姿ではないでしょうか。

未来は紛れもなく不確実なものです。しかし、過去の軌跡を振りかえることで現在生きている時代への理解は増し、こうした作業を経て初めて未来へ向けてかすかな光を当てられます。そこに浮かび上がってくる未来予想はぼんやりとしたものでしかないものの、これによって完全なブラックホールを少しでも埋めることができ、未来の不確実性を幾分緩和できるのではないでしょうか。さらに、これら想定をもとにきちんと備えもできます。実際、地震研究なども過去のデータを踏まえた上で、今後の兆候を予測していますが、これと似たイメージです。

歴史は韻を踏むと私は考えます。この韻を的確に読み、明るい未来を可能とするために適切な提言を行うことが私の追究する「応用歴史学《アプライド・ヒストリー》」の本質です。

こうした思いを胸に、中世の軍事問題にも精通されておられる歴史学者の本郷和人先生と私の、お互いが専門とする時代を超え、また日本を越える対話をお願いしたところ快諾してくださいました。それまで面識などなかったにもかかわらず、こうして実現しましたことをとても嬉しく思っています。先生との対談を通じ、改めて遠い過去の話であっても現在に通じる確かな「歴史の余韻」があることを実感しました。本書は、異なる時代と専門とが互いに交差しあう極めてユニークな試みですが、このいわば異種格闘技による知的スパーリングを通じて読者が何か得るものがあるなら、望外の喜びとなります。

「外圧」の日本史

白村江の戦い・蒙古襲来・黒船から現代まで

目次

第一章

遣隋使・遣唐使

――聖徳太子と朝貢外交――

時代を読む

活発だった倭国と大陸との交流

日本と大陸との交流は古く、遅くとも二千年前にさかのぼる。中国の史書に初めて倭国《わのくに》（日本）が紹介されるのは一世紀に成立した『漢書』地理志で、倭人の社会は百余国にわかれ、朝鮮半島の楽浪郡に使者を送っていたことがみえる。

後漢の時代には五七年に倭の奴国王《なのこくおう》が光武帝から印綬を受け、一〇七年には倭国王帥升《すいしょう》らが安帝に奴隷を献じている（『後漢書』東夷伝）。大陸の先進文化を手に入れ、中国皇帝に認められることで、倭国内での地位を高めようとしたのだ。二三九年には邪馬台国の卑弥呼が魏に朝貢し「親魏倭王」の称号を与えられた（『魏志』倭人伝）。

四世紀には朝鮮半島で高句麗《こうくり》・百済《くだら》・新羅《しらぎ》が相次いで成立する。倭国でも近畿地方を中心に豪族連合であるヤマト政権が形成され、鉄資源の確保のため朝鮮半島南部の加耶《かや》（加羅）に進出。百済と連合して南へ勢力を伸ばす高句麗や新羅と争った。

五世紀になると、倭王は朝鮮半島をめぐる争いを有利にするため中国への朝貢を開始。讃《さん》・珍《ちん》・済《せい》・興《こう》・武《ぶ》の「倭の五王」が一世紀にわたって中国南朝に遣使した

(『宋書』倭国伝)。大陸との交流を通じて金属加工や土木、機織り、軍事などの技術や文化が倭国にもたらされた。漢字の使用が始まるのもこのころである。

六世紀半ば、倭国の影響下にあった加耶を新羅が占領し、五八九年には隋が中国を統一。東アジアの秩序が大きく変化するなか、倭国では推古天皇のもとで蘇我馬子と聖徳太子(厩戸王《うまやどのおう》)により、天皇を頂点とした官僚機構の整備が進められる。

倭王武以後、絶えていた中国との外交も遣隋使により再開された。推古八年(六〇〇)に行われた遣隋使では、皇帝文帝から日本の習俗について聞かれた倭の使者が「倭王は天を兄、日を弟とする。夜が明ける前に政を聴き、日が出たら政務を止める」と答えたところ、文帝は「まったく道理に合わない」といって改めるよう命じたという。この屈辱的な外交を挽回するため、同十五年(六〇七)には小野妹子が遣隋使となり煬帝《ようだい》に謁見したが、中国に臣従しない態度をとったため非礼とされた。

隋が二代で滅び、六一八年に唐が成立したのちも遣唐使が派遣され、奈良時代まで二十年に一度行われた。しかし、平安以後は回数が減少し、九世紀末に菅原道真の建議で廃止された。造船・航海技術が未熟なため、遣唐使の渡海は命がけであったが、大陸からもたらされた制度・思想・文化は日本の国家形成に大きな影響を与えた。

中国を中心とした世界観で日本をみる

本郷　遣隋使・遣唐使について考える際、欠かせない視点は日本が島国だということだと思います。現代の日本でも、さまざまな分野においてガラパゴス化が指摘されていますよね。でも、僕は胸を張って「ガラパゴスになろうじゃないか」といっているんです。しょうがないですよ、島国なんですから。

でも、古代の人たちはそう思っていなくて、それどころか聖徳太子は遣隋使に託して「日出《いず》る処の天子、[1]書を日没する処の天子に致す、恙《つつが》なきや」という書まで送っている。

これをいうと叩かれるのでいいにくいのですが、これはどう考えても聖徳太子がまずいですよね。だって、彼我の国力差がわかってないじゃないですか。あるいは、心意気を示そうとしたのか、そのあたりは解釈によっても変わってくるとは思いますが。

この国書の意味については戦前まで、日本の天子（天皇）は中国の天子と対等だということをいいたかったと解釈されてきました。でも今は、そういうとらえ方はされていないですよね。こういうことを強くいうと、「お前は日本をバカにするのか」といって怒られるからいいにくいですけど。

簑原　お話を伺うと、どこか建国直後のアメリカと重なるところがあります。まだヨチヨチ歩きなんですが、それでもいずれ世界を牽引する大国になることを夢見ている。時代は全然異なるものの、日本もアメリカも初めから大志を抱いていたんですね。ところで、当時の日本の東アジアにおける立ち位置はどういうものだったのですか。

本郷　この時代の日本と外国の関係を考えるにあたっては、東アジアの超大国である中国を中心とした世界観をおさえておく必要があります。

まず、当時の中華世界の最上位にあるのは、簡単にいえば「毎年税金を払う地域」です。唐の時代、中国には「〇〇道」と呼ばれる十の行政区画があり、その下に州が約三五〇、県が一五〇〇以上ありました。日本にたとえると北海道や東海道があって、その中に複数の県があるというかたちだったと思います。中国内部の世界で同じ天子をいただき、同じ元号や暦を使う地域ということになります。

日本でも明治に版籍奉還[2]というものが行われたじゃないですか。版籍の語源はここにあったのではないかと僕は思っているんです。版は地図、籍は戸籍だから、版籍奉還という

1　天子…古代の中国皇帝や日本の天皇の呼び名。天の命を受けて世界を支配する君主という意味でこう呼ばれた。

のは地図と戸籍を献上することであり、国家に従属したことを示す決め手になるものです。

二番目のカテゴリーに入るのが、何年かに一度、税金を納めにやってくる人々です。具体的には、当時の北方の騎馬民族である契丹《きったん》や鮮卑《せんぴ》、朝鮮北部の渤海《ぼっかい》がこれにあたります。中国から見ると、その国のトップは中国の長官という認識です。ただし、本当の中国の官僚と違って世襲が認められているので、その国の人々にとっては王様になります。外国ではありますが、中国にとっては非常に身近な地域と認識されているわけです。こういう国々は、中国の皇帝の娘が妃として嫁ぐこともあって、どちらかといえば平行的な隣国ということができます。

三番目のカテゴリーが、中国皇帝から冊封[3]を受ける国々になります。冊封を受けた国は中国から元号と暦を賜ります。そうすると、その国のトップは中国の天子の臣下になる。それが冊封関係で、朝鮮やベトナムがそれにあたります。これらの国々は貢物を捧げる朝貢を行わなければなりません。だから毎年、ご主人さまである天子のご機嫌をうかがいにやってくるわけです。

冊封関係の下の四番目のカテゴリーに、ようやく日本が入ってきます。当然、中国から冊封は受けていません。わざわざ冊封する必要もないくらい遠い、いわば放っておかれている国ということになります。

簑原　つまり、僻地ですね。

本郷　そう。だから華夷秩序[4]でいうと、知ったこっちゃないぞという国なんですね。それが中国からみた当時の日本の実情です。だから逆にいうと、聖徳太子から無礼極まりない国書が届けられた時、煬帝は怒り狂ったと思います。あるいは、田舎者だからしょうがないと思ったか。

簑原「わかってないんじゃない、こいつ」みたいな感じですね。でも、日本にとってはこの遠すぎるぐらいの位置関係が決定的に重要ですよね。

本郷　重要です。

簑原　近すぎると適当に扱えないし。遠いといえば、このころの中国の人々にとってヨー

2　版籍奉還…明治二年（一八六九）、全国の大名が土地と人民の支配権を朝廷に返上した明治政府の政策。中央集権体制の確立を目的として行われ、二年後の廃藩置県の前提となった。
3　冊封…中国皇帝が臣下や周辺諸国の君主に王・侯などの爵位を与えること。冊封された君主は定期的に中国に貢物を奉る「朝貢」を行う義務がある。
4　華夷秩序…中国の王朝を世界の中心に位置づける中華思想を前提とした中国と周辺諸国との関係性。

ロッパは念頭にあるんですか。

本郷　ないです。あったとしてもごくわずかな情報だけだったと思います。

簑原　ローマ帝国の存在はまったく意識されていなかったということですね。

本郷　シルクロードから情報が上ってくるので、話には聞いていたでしょうね。シルクロードをずっと西に行くと、何かおもしろい国があるらしいという情報があるだけです。

簑原　オックスフォード大学にいた時、ローマ帝国の研究者とそうした話をしたことがあります。ローマとしては中国の存在を知っていてもちろん意識してはいたけれども、何しろ遠い。

本郷　そういうことです。

簑原　だけどこの時代の多くの西洋の研究者は、ローマ文明の方が中国文明より優れていると考えているから困ったもんですね。他方で、中国からすると、どの国も自分より格下だから相手にしないということを聞いたこともありますが。

本郷　そうした中華思想のようなものは、中国に限らずどの国ももっていますよね。ヨーロッパの人たちからしても、中国を下に見ていたようなところはあると思います。

　中国からしても、シルクロードの向こうに、交易相手としておいしい国があるということは当然知っていたはずですが、あまりにも遠すぎる。費用対効果を考えて実行しなかったということなんですね。

どうして日本は中国に支配されなかった?

本郷　おそらく距離の問題は、遣隋使・遣唐使にも大きな影響を与えたと思います。この時、われわれ日本人が考えなければいけないのは、同じように漢字を使っている国です。漢字文化圏というと日本のほか韓国やベトナムがあります。

簑原　よく中国人は、同文同種[6]と口にしますよね。

本郷　東アジアの国際関係を考える時、日本の研究者や歴史ファンは日本・韓国・ベトナムの三か国までしか視野に入れません。しかし、当時の中国はもっとたくさんの国々とかかわりをもっていました。

5　シルクロード…ヨーロッパから西アジアを経て中国を結ぶ古代の交易路の総称。中国からローマに絹が運ばれたことからその名がついた。
6　同文同種…使用する文字や人種が同じことで、日本と中国の類似性についていわれることが多い。

なぜ日本人が朝鮮とベトナムしか考えないのかというと、結局、漢字文化圏が高等な国であるという思いこみがあるからです。騎馬民族は漢字を使わないし定住もしないという、生活文化面でも大きな違いがある。そのため、騎馬民族は文化水準が低かったと思われがちですが、そんなことはないですね。

特に軍事面からみると、中国よりも騎馬民族の方が強いんです。だから、しばしば侵略を受けることがある。現在の研究では、中華思想は騎馬民族に圧迫されて、悔しまぎれにつくった考え方だという説もあるくらいです。中国という国家のかたちは宋[7]の時代に完成するといわれていますが、それも結局、北部が金[8]などの騎馬民族に占領された状態でようやく中国の形が定まったにすぎません。

簑原　朝鮮とベトナムも中国の支配下におかれていた歴史があります。漢字文化圏で、日本のみが支配を免れた点も決定的に違いますね。

本郷　それは、やはり冊封を受けるか受けないかという違いでしょうね。やはり朝鮮とベトナムは地続きだけど、日本は海の向こうにあるという違いだと思います。

簑原　ベトナム人の友人たちはわれわれは千年も支配されたんだとよくいっています。だから、中国を受け入れることは二度と許容できないと。

本郷　やはり今も、そういう感覚なんですね。

簑原　西沙《せいさ》諸島をめぐって中越戦争は勃発すると主張するベトナムの軍人もいます。

本郷　韓国も別の意味で大変ですよね、今。

簑原　韓国は中国を受け入れたいのか、受け入れたくないのか、外から見ていてよくわからない時がありますね。ビジネスマンと話をすると、中国は嫌いだが商売する必要がある相手といいます。経済的に依存しているからでしょうか。日本も韓国の状況から学ぶ必要があると思います。

本郷　なんのかんのいっても、中国の存在は大きいですものね。日本としては本当に困ります。

7　宋…九六〇年に趙匡胤によって建てられた統一王朝。一一二七年に首都開封が金に占領された靖康の変以前を北宋、臨安に都を移したあとを南宋と呼ぶ。支配領域は歴代統一王朝で最小だったが、政治・経済が発展し宋学の興隆など文化面でも画期となった。

8　金…一一一五年、中国東北部のツングース系の狩猟民族である女真族が建てた国。女真文字をつくるなど独自の文化を発展させたが、一二三四年、モンゴル帝国に滅ぼされた。

決死の覚悟で大陸をめざした古代日本のトップエリート

簑原　遣隋使・遣唐使の目的というのは、最新の技術やノウハウを仕入れるためなんですか。

本郷　そうです。おいしいものをもって帰るのが一番の目的です。

簑原　中国がおいしいものをふんだんにもっているということは知っているんですね。

本郷　知っています。ただし、われわれに使えるおいしいものは何かというところで、取捨選択がされました。中でも律令[9]は何としてももってこようと思って、実際にもち帰ったわけですね。

　ところが科挙[10]はもってきていないんです。科挙は隋の時代に生まれた制度で、要するに官僚を作るための制度ですよね。しかし、日本には官僚制はいらないと判断して科挙を採用しなかったんです。そういう意味でいうと、当時の日本のトップエリートたちは、しっかり取捨選択をしているんですね。

簑原　情報を仕入れる際、意思疎通する言語として何を用いていたのですか。

本郷　中国語です。

簑原　当時の日本のエリートは当然のように中国語が喋れたんですね。

本郷　それはもう一生懸命勉強するんですよ。

簑原　母語の日本語と使い分けていたんですね。

本郷　はい。

簑原　おもしろいですね。イギリスと似ていますよ。

本郷　そうなんですか。

簑原　時代は全然違いますけど、一〇六六年のノルマン征服[11]後のイギリスはエリートがフランス語で、一般の民衆は英語だけという。つまり、英語は庶民の言語なんです。ただ、ヨーロッパ全体で考えると、漢文に相当するのがラテン語でしょうね。

9　律令…中国の隋・唐の時代に完成した体系的な法典。律は刑法、令は行政法に相当する。

10　科挙…隋代から清朝末期の二〇世紀初頭まで行われた中国の官吏登用試験。貴族の特権を排し、才能による人材登用を行うことで中央集権的支配体制の強化が図られた。

11　ノルマン征服…一〇六六年、ノルマンディー公ウィリアムがイングランドを征服しノルマン王朝を開いたできごと。この征服事業を機にフランス流の政治や文化が流入し、大陸の封建制が導入されるなどイギリスの中世史に大きな影響を及ぼした。

本郷 のちの時代になりますが、空海[12]たちが中国に渡った時に現地の人々に認められたのは、中国語に加えてサンスクリット[13]も使えたからなんです。

箕原 私は当時のやりとりは文字で行っていたのだと思っていました。言葉でも通じあえたのですね。

本郷 そうです。今、日本人は言語能力が低いといいますけど、それは日本が豊かになったからですよ。

箕原 なるほど、必要なくなったわけですね。

本郷 やはり必要に迫られたら、日本人も他言語を覚えるみたいですね。

箕原 当時の人々には、隋や唐に対するリスペクトはあるんですか。

本郷 当然あるでしょうね。現代のプロ野球に例えると、NPB（日本野球機構）がメジャーリーグを観た時の感覚に似ているんじゃないかと思います。

箕原 なるほど。

本郷 日本でトップクラスの成績を修めた人が海外へ行って、全然通用しなかったという現実を見れば、やはり自分たちより上だということはわかると思います。

箕原 日本のプロ野球などが外国人枠を設けたりするからですよ。メジャーのように国籍に関係なく力のある選手を人数制限なしに入れたら意識も実力も変わるんじゃないですか。これは島国であることとも関係しますが、現在の日本は移民政策がないから競争もイノベーションもなかなか生まれないのだと思います。生ぬるい環境に安住しているんだけど、これこそが社会を停滞させる。

本郷　逆にいうと、いわず語らずでわかりあえる文化ではありますよね。だから「和を以て貴しとなす」という言葉が出てくるのでしょうね。

簑原　村八分になりたくないというような日本的な感覚も、そういうところから生まれたのかもしれませんね。コロナになっても大きな混乱なく社会が回っているのは、そうした日本人の気質によるところが大きいのかもしれません。マスクもなかなか外そうとしないところが西洋とかなり違う。

本郷　そう思いますよ。

簑原　ちなみに、中国へのリスペクトがあったにもかかわらず、日本は大陸とのつきあい

12 空海…平安時代初頭の僧。遣唐使として中国に渡り密教を極め真言宗を開いた。
13 サンスクリット…梵語。インドや東南アジアなどで用いられた古代語で、仏教の経典にも用いられた。

方が適当に見えるのはなぜでしょうか。

本郷　適当ですか。

簑原　ノウハウを得ることが主目的で、中国に傾倒しているわけではないという意味で何か真面目さが不足しているような気もするんですけど。

本郷　そうですか。でも遣隋使や遣唐使が行われていたころの日本人にとっては、大陸の文化は必須でしたよ。その後のつきあいは緩やかになったかもしれませんが。

簑原　どうしてそこまで一生懸命になれたのでしょうか。

本郷　やはり、先進国の文化を学ばなければいけないということだと思います。日本人はそういうコンセプトを仕入れてくる時は、ものすごい力を発揮するんですね。

簑原　でも、学びきったあとはつきあいもほどほどになっていった。

本郷　もう必要ないだろうということになった。

簑原　なるほどですね。

日本流にアレンジされた中国の律令

簑原　もう一つ質問をさせてください。日本は近現代になっても、さまざまな制度を海外から輸入するわけですが、形だけまねて精神は輸入しない場合が多いんですね。

たとえば、日本のロースクール（法科大学院）がそうだと思います。法学部を残してロースクールを作るなんて制度として不思議ではないですか。韓国もほぼ同時期にロースクールを作っているんですけど、法学部は廃止しているんですよ。そもそも大学という制度も中身を見れば西洋と日本とではまったく違いますね。

本郷　そうですね。

簑原　こういう傾向は、この時代の日本にもあったのですか。

本郷　この時代もありました。律令なんて形だけですよ。

簑原　都合のいいように利用するわけですね。

本郷　一応、律令を仕入れてはいるけれども、何も受容してないですから。もって帰ってはみたものの、実際に使ってみたら日本の実情には合わなかったということです。一番わかりやすいのは令外官[14]という、律令に規定のない官職があります。平安時代の貴族の出世コースは、官職につく順番がだいたい決まっているのですが、その半数以上が令

14　令外官…令の制定後に設けられた官職。摂政・関白、内大臣、中納言、蔵人、検非違使、征夷大将軍などがある。

外官なんです。

たとえば、定員八人の参議という官職についた後、そこから家柄に応じて中納言・大納言や大臣へ出世していきます。参議になると太政官の閣議に参加できるのですが、出世の重要なステップであるこの参議という役職がすでに令外官なんです。やはり、日本の実情に合わせて作られた官職のほうが機能するということなのでしょう。律令がいかに形骸化していたかがわかると思います。科挙の存在も日本のトップエリートは最初から知っていましたが、導入するつもりはありませんでした。

だけど、彼らの大陸に向かう情熱は本当にすごいと思いますよ。遣唐使船は四隻に一隻は遭難して沈むんです。遣唐使の二五％は死んでしまうのに、一生懸命語学を学び、命がけで大陸に向かった飛鳥・奈良時代のエリートたちは本当に頑張ったと思いますね。

ところが、おおむね大陸文化の摂取が終わると、日本独特の緩さが現れ始めて、だんだんぬるま湯のような状態になり、やがて遣唐使も廃止されてしまいます。

簑原　この時代に外圧というものはあったんですか。

本郷　東アジアの交流が活発になり、仏教[15]なども入ってくるなかで、海の向こうにすごい国がある、それを取りにいこうということになったのだと思います。そういう意味では、外圧というより文化的な世界の存在を知ったことが大きかったのではないでしょうか。それも十分に外圧といえるとは思いますが。

簑原　逆に飲みこまれてしまう脅威は感じなかったのですか。

本郷　感じなかったんでしょうね。中国の側も、日本が貢物をもっていくと、遠いところからよく来たねというふうになるので。

簑原　なるほど。大人の対応なんですね、当時の中国は。

本郷　鎌倉時代にモンゴル[16]が攻めてきた時、一年くらい日本に住んでいた趙良弼[17]という中国人が、皇帝のフビライ・ハンに出したレポートが残っています。そこには、日本が貧しく人は野蛮で人材はいないので、兵を送って占領する価値はないと書いてある。

15　仏教…欽明天皇の時代に百済の聖明王から仏像・経論が伝えられたのが始まりとされ、公伝の年は五三八年と五五二年の二説がある。

16　モンゴル…十三世紀初頭、チンギス・ハンによって建てられた大帝国。孫のフビライの時、東アジアに版図を広げて国号を元とし、二度の日本遠征を行い鎌倉幕府を苦しめた。

17　趙良弼…女真族出身の元の政治家。志願して日本に朝貢をうながす使者として来日。帰国後、日本遠征の無益さをフビライに訴えたが聞き入れられなかった。

簑原　それはいつごろのことですか。

本郷　モンゴルが攻めてくる前夜の緊迫した状況の中で、趙良弼はレポートにそう書いている。日本は苦労して占領するほどの価値はないと、中国人は思っていたわけです。そもそも、日本からどんどん金がとれるという話だったら……。

簑原　もっと早い段階に襲来していますよね。

本郷　そう。日本を占領してもうまみはないとわかっている。

簑原　やっぱり当時の中国はすごいですね。外国に対してきちんとした扱いをするわけですし、情報も的確に入手している。

本郷　なんだかんだいっても、やはり成熟した国ですよね。遣隋使の小野妹子[18]が無礼な国書をもっていっても、首をはねられなかったわけですから。

煬帝が激怒したかどうかはわかりませんが、日本に返礼の書を送ったはずです。国書をもらったら国書を返すのが国際外交のルールですから。おそらくその国書には、身のほどを知れとか、もうちょっと勉強しようねとか、そういうことが書いてあったと思います。しかし、小野妹子は途中でなくしましたといって報告しなかった。

簑原　本当は紛失してないんでしょうね。捨ててしまったとか。

本郷　そう、捨てたのだと思います。外交というのはいつの時代でも、間に入る人がいろいろと小細工をするんですよね。豊臣秀吉の朝鮮出兵[19]の時、小西行長《こにしゆきなが》たちがいろいろ画策したように。日本にとっては屈辱的な内容だったから、おそらく小野妹子も煬帝の国書を聖徳太子に見せられなかったんでしょう。ただ、夜郎自大という言葉があるように、そういうナショナリズムはどの国にもあるし、日本だけを責めるわけにはいかないと思います。

大和に首都がおかれたのは防衛のため?

簑原　この時代の日本人のアイデンティティーというか、日本の境界線はどういう地図を思い浮かべたらいいですか。

本郷　おそらく、どんづまりは近畿地方だと思います。だから、みんな西を向いているんです。東側に何かありそうだということには気づいているけど、何があるかはよくわかっ

18 小野妹子…推古十五年（六〇七）に遣隋使として中国に渡るが煬帝の国書を紛失。群臣たちは妹子の流刑を求めたが不問とされ、翌年、高向玄理や南淵請安などを連れてふたたび中国に渡った。

19 朝鮮出兵…豊臣秀吉が十六世紀末に行った朝鮮・中国への二度の侵略戦争。一度目の文禄の役では、小西行長が明側と謀って秀吉の和平条件を無視して講和を結んだことが露見し、二度目の慶長の役を招いた。

ていない。

簑原　国内の東より、まずは隣の大陸なんですね。

本郷　そう。沖縄にニライカナイ思想というのがあるじゃないですか。ニライカナイという、何か素晴らしい国だか極楽だかが海の向こうにあって、そこから人々にプレゼントがあって、繁栄がもたらされるという。東アジアにもカーゴ思想というのがあります。何か良いカーゴ（荷物）が海の向こうからやってくる、こういう期待は当時の日本にもあったでしょう。だから朝鮮半島や中国大陸に対する意識と、関東や東北地方に対する関心とでは大きな差があったと思います。

簑原　ならば当時は滋賀県あたりまでが日本という認識でしょうか。

本郷　都が近畿地方の大和におかれたのは、外国から一番遠いところだったからだと思います。海外からの侵略を防ぐためには、何より外国と距離を取るというのが一番という。

簑原　そうですよね。そう考えると、いまの韓国がソウルを首都にしているのは不思議ですよね。

本郷　そうですね。

簑原　東西冷戦下の西ドイツは、西部のボンを首都にしていました。

本郷　当然、敵から遠いところに都をつくった方がいいと思いますよね。やはり韓国も釜山かどこかに変えた方が……。大和が首都になったのも、一番どんづまりのところに都をおいて、万が一、敵から攻められても時間を稼げるようにしたのかなという気がします。

簑原　当時の日本は外国に対してある程度の脅威認識はもっていたんですね。そうなると、遣隋使・遣唐使は、技術やノウハウを仕入れる一方で、相手の実情を探るインテリジェンス収集の目的もあったのでしょうか。

本郷　それはあったでしょうね。

簑原　われわれに対して何かたくらんでいるのではないかという警戒心もあったんですね。

本郷　あったと思います。中国に行けば、東アジア諸国の情報も入ってくるわけです。そうすると、日本に対して何か変なことを考えている国があるかどうかもわかるでしょうし。

簑原　多分にリアリズムがあったことがわかります。

本郷　それも含めて、やはり苦労して遣隋使・遣唐使を派遣する意味はあったんだと思いますよ。

第二章

白村江の敗戦

——原型日本の成立——

時代を読む

古代史の転換点となった白村江の戦い

七世紀半ば、北方の突厥《とっけつ》、西域の高昌《こうしょう》・吐谷渾《とよくこん》など周辺諸国を次々と服属させた唐は、朝鮮半島への侵攻を開始する。唐の脅威に対抗するために、朝鮮各国は権力の集中と強化を急いだ。百済では義慈王《ぎじおう》がクーデターにより支配層の貴族を追放して権力を掌握。高句麗では宰相の泉蓋蘇文《せんがいそぶん》が国王や群臣を斬殺して実権を握り、百済と結んで新羅を圧迫した。新羅では唐の法律や官制を取り入れて国力の強化を図った。

同じころ、倭国でも東アジア情勢の変動に対応するために、蘇我入鹿が聖徳太子の遺児・山背大兄王《やましろのおおえのおう》を滅ぼして独裁体制をしいた。しかし、天皇中心の中央集権国家の建設をめざす中大兄皇子はクーデターにより蘇我氏を滅ぼし（乙巳《いっし》の変）、叔父の孝徳天皇とともに大化の改新と呼ばれる改革に着手する。

こうしたなか、いよいよ朝鮮の激動が日本にも迫ってきた。六六〇年、唐が新羅と結んで百済を滅ぼしたのである。鬼室福信《きしつふくしん》ら百済の遺臣は唐の支配に抵抗し、朝廷に救援の要請と、人質として倭国にいた義慈王の子・余豊璋《よほうしょう》を国王に迎えたい旨を伝えてきた。朝廷はこれに応じ、五千の兵をつけて豊璋を百済に帰し、大軍を派遣して白《はく》村江《そんこう》で唐・新羅連合軍と戦った。しかし、日本軍は戦況を見極めることなく隊伍の乱れた船団で唐軍に向かい、大軍に挟撃され大敗する。この白村江の戦いで倭国は五万の兵を投入したと推定され、多くは西日本の豪族や公民であった。溺死者や捕虜になった者は数知れず、数十年後にようやく帰国できた人もいた。

白村江の敗戦を受け、中大兄皇子は外敵の襲来に備えて国防の強化に乗り出す。九州に防人《さきもり》という兵士と烽《とぶひ》（狼煙台）を配置し、水城《みずき》や大野城などを築き、対馬から大和にいたる山上に朝鮮式山城を築いて防衛体制を高めた。天智六年（六六七）には都を飛鳥から近江の大津宮に遷し、戸籍や法令の整備に取りかかる。

天智の死後、壬申の乱で大友皇子（天智の子）を破った天武天皇（天智の弟）は、本格的な中央集権国家の建設に着手する。大王に代わって天皇の称号が使われ始めるのもこの時代といわれる。天武の死後、諸政策は皇后だった持統天皇に受け継がれ、飛鳥浄御原令《あすかきよみはらりょう》の施行や藤原京の建設などが進められた。

一連の政策はやがて大宝元年（七〇一）の大宝律令の制定、和銅三年（七一〇）の平城京遷都として結実し、日本は律令国家としての道を歩み始めるのである。

百済救援を決意するも結果はさんざん

本郷　二つ目のテーマは、日本が朝鮮半島で唐・新羅連合軍に敗れた白村江の戦いです。古代史においては、この戦いが大きな画期になると、私は考えています。

当時、日本は朝鮮半島の百済と結んで、新羅や高句麗と争っていました。やがて新羅が大きくなって唐と結び、百済を滅ぼします。この時、百済と良好な関係だった日本が援軍を頼まれて、中大兄皇子（天智天皇）が総力を挙げて朝鮮半島に大軍を送ります。

簑原　当時の日本と百済はどういう関係だったのですか。

本郷　外交的に非常に密接な関係があると同時に、仏教をはじめさまざまな先進文化や技術が百済を介して日本にもたらされました。だから、韓国の人にすれば、日本の文明はみんな自分たちが教えたようなものだという気持ちがあるのだと思います。

簑原　一方通行なんですね。

本郷　それでも当時の日本は、滅亡の危機に瀕していた百済を助けるために大軍を派遣したのですがコテンパンに負けてしまった。

簑原　どれくらいの規模の軍勢だったかは、わかっているんですか。

本郷　正確にはわからないですね。ただ、そんなにたくさんの人間は送れないと思います。

簑原　アジア版のペロポネソス戦争[1]みたいな感じでしょうか。ギリシャ半島ならぬ、朝鮮半島の運命を決するという意味で。

本郷　そういう意味では近いかもしれませんね。

簑原　トゥキディデス[2]のように歴史を書き残してくれる人はいなかったんでしょうか。

本郷　そうですね（笑）。トゥキディデスのような歴史家もいないし、ハンニバルのような英雄もこの戦争にはみあたりません。だから当時の戦争なんて、何をやっているのかよくわからないんです。

簑原　トゥキディデスが『戦史』を書きあげたのは戦争が決着する前なんです。この歴史書が外交史の原点として重視される理由は、なぜ戦争が起きたかということに関心を注いだからですね。この時代の日本の文書に、なぜ白村江の戦いが起きたのかという理由を突

1　ペロポネソス戦争…前四三一～前四〇四年、ギリシャ世界の主導権をめぐって都市国家（ポリス）のアテネとスパルタが争った戦い。スパルタの勝利に終わったが、戦争の長期化によりポリス社会は衰退していった。
2　トゥキディデス…古代ギリシャの歴史家。正確な史料に基づいてペロポネソス戦争をテーマとする『戦史』を著す。

きつめて書いた史料はあるのですか。

本郷　いや、戦争の原因について考えたものはないですね。

簑原　やはり古代ギリシャ人はすごいですね。

本郷　ギリシャというところは哲学が生まれる国でしょう。日本はぬるい国だから哲学は発展しないんですよ。哲学者は日本に存在しませんから。

僕は日本史上最高の天才は曹洞宗を開いた道元[3]だと思っているんです。道元の著作のように、僕たちが本気になって読んでもわからないくらいのことが書いてある本は、めったにないですよね。ましてや、外交の失敗や戦争の原因について突きつめて考えたこの時代の史料は日本にはみあたりません。

天智・天武・持統朝に日本のかたちが定まった

簑原　この戦いによって朝鮮半島の将来が決するという強い心づもりで、日本は出兵しているんですね。

本郷　そうです。

簑原　ならば当時の日本の政治家も、重大な外交の危機であることはしっかりわかっていたわけですね。

本郷 そう。百済を復興させなければ、新羅による朝鮮支配が確定し、朝鮮における日本の権益が完全に失われるということはわかっていました。しかし、その新羅にコテンパンにやられてしまった。その結果として、これはしっかりとした国をつくらないと、東アジアで自分たちの居場所はなくなるということがわかったので、中大兄皇子は大急ぎで国内の体制固めを進めることになるわけです。

簑原 百済が滅びたら日本が攻められるという危機感があったということですね。

本郷 そうです。

簑原 大敗北を喫した理由はわかっているのですか。

本郷 いや、戦争は総合力だから。

簑原 戦略戦術以前に国力で負けていたと。

本郷 そう。白村江の戦いの九年後に壬申の乱[4]が起きた時、まだ西国は復興していません

3 道元…中国・宋に渡って禅を学び、帰国後、越前に永平寺を開き曹洞宗の開祖となる。ひたすら坐禅する只管打坐で悟りを開くことを重視した。

でしたからね。白村江の戦いに動員された働き盛りの男子が、あらかた戦死してしまっていたのかもしれません。

簑原　遠征には多額の資金も必要となりますしね。

本郷　だから、この戦いで唐・新羅連合軍に打ちのめされて、初めて国のあり方を真面目に考えたのだと思います。

簑原　この戦いは日本の原体験として大きな意味をもったということですね。

本郷　そう思いますね。

簑原　一番はっきりわかる形での外圧ですよね。

本郷　まさに外圧です。天智天皇がそれを逆手に取って国内の改革を進めたのかもしれません。唐と新羅が攻めてくるかもしれないという危機感をあおって。

　いずれにせよ、自分たちも安泰ではいられないかもしれないという恐怖は、当時のトップエリートたちは共通してもっていたと思います。唐や新羅に対抗できる国づくりを突貫工事でやらなくてはいけないという機運が高まり、天智天皇と弟の天武天皇、天武の皇后の持統天皇の三人の時代に、おおむね日本の原型ができたわけです。

　そのことは、日本[5]という国号、天皇[6]という君主号、そして元号[7]という紀年法が、この時代に定まったといわれていることに示されています。第一章で述べたように、日本は中国から見た外国のカテゴリーでいうと、もっとも低い四番目のカテゴリーにある国です。冊封を受けない遠い国で、たまに貢物をもっていくだけ。自分たちは中国の臣下にはならないという選択をしたからこそ、国号と元号を自由に決めることができたのです。

日本に官僚制度はなかった?

簑原 白村江の敗戦によって、百済のエリートが難民として日本へ流れこんできたという理解は正しいですか。

---

4 壬申の乱…天智天皇の死後、大海人皇子（天武天皇）と大友皇子が皇位を争った戦い。近江朝廷を支えた有力豪族が衰え、強大な権力を手に入れた天武により中央集権国家の建設に向けた改革が進められる契機となった。

5 日本…日本の国号の使用がわかるのは大宝元年（七〇一）制定の大宝律令が最初である。

6 天皇…天皇号の成立は従来、推古朝と天武朝の二説があった。天智五年（六六六）の仏像の銘文に使用されていることから、天智朝のころまでに成立していた可能性が高いとされる。

7 元号…『日本書紀』には大化・白雉などがみえるが、当時の木簡は干支で年紀が表示されており、実際に使用された形跡は見つかっていない。確実な史料や遺物にみえる「大宝」が最初の元号とされている。

本郷　あたっていると思います。

簑原　渡来人が支配層を占めるようになったんですね。天皇家にも影響をおよぼしているのでしょうか。

本郷　天皇家に血統が入るということではなく、朝廷を支える勢力として、渡来人の最新ノウハウが活用されたということだと思います。たとえば、この時代から新しい暦[8]が日本でも用いられるようになります。しかし、宣明暦[9]という暦が施行されたのち、寛平六年（八九四）に菅原道真の建議で遣唐使が廃止されると、大陸から最新の暦が輸入されることはなくなり、以後八百年以上も宣明暦が使い続けられるのです。だから月食や日食の予報が全然あたらない。江戸時代になって、ようやく日本でも独自に暦を作らなくてはいけないという話になるくらいです。百済からやってきた渡来人からノウハウを教わることで、ようやく国内で暦を用いることができるようになったわけです。

元号は大化の改新の時の大化がもっとも早いといわれていますが、途切れることなく元号が制定されるようになるのは七〇一年の大宝以降です。それ以前は元号を定めたり、定めなかったりで、大宝が事実上の最初の元号といわれています。

それから、この時代の画期は何といっても大宝律令[10]が完成したことでしょう。さらに、全国に武蔵国や大和国などのいわゆる令制国がおかれ、複数の国をまとめた東海道・東山道など畿内七道[11]と呼ばれる行政区も設置されて、地方行政が本格的に行われるようになります。

簑原　それに伴って官僚制度も発展していったわけですね。

本郷　官僚といっても、極めて古代的な官僚ですよね。中国のように科挙がなく、ほとんど世襲ですから。官僚は世襲じゃダメですよね。

簑原　能力とは無関係ということでしょうか。

本郷　そう。だから日本に官僚制はないんです。

8　暦…『日本書紀』によると日本に暦が伝えられたのは推古朝であるが、正式に暦法が施行されるのは持統天皇四年（六九〇）とされている。

9　宣明暦…貞観四年（八六二）に施行された暦。渋川春海が作成した貞享暦が施行される貞享二年（一六八五）まで八二三年間も使用され続けた。

10　大宝律令…刑部親王・藤原不比等らによって整備された法典。太政官の組織もここで定められ、左・右大臣や大納言などの官職は江戸時代まで用いられた。

11　畿内七道…畿内は山城・大和・摂津・河内・和泉の五か国、七道は東海・東山・北陸・山陰・山陽・南海・西海道の七つで、その下に国・郡・里（のちに郷）が地方行政区分として定められた。

簑原　つまり、この時代の官僚制は未発達だったということでしょうか。

本郷　いや、日本には明治までずっと官僚制はないんです。基本は世襲です。

簑原　なるほど。日本はいまだに多く残っていますよね、世襲文化が。

本郷　残っているどころか強烈ですよ。だって政治家なんて、ほとんど世襲でしょ。おいしいところはみんな世襲です。結局その方が、みんな落ち着くんでしょうね。やっぱり、すごくのんびりした国なんです。

簑原　逆に実力に基づく激しい競争がないからいいのかもしれませんね。殺伐とするじゃないですか。

本郷　だから、ぬるくなるともいえますよね。それが古代からずっと続いているんです。科挙の世界では、どんなに栄えた家も五代続けば滅びるといわれています。そこは競争がすごく強い。ところが、日本の場合は一回おいしい思いをしたら、絶対それを子孫に伝えたいという思いが強くなるみたいですね。

白村江の戦いの影響はいつまで続いた?

簑原　白村江での敗戦の影響はいつまで続くのですか。

本郷　実際に海外から攻められることはなかったので、すぐ収束したといえるでしょう。一方、この敗戦を機に統一政権ができたという意味では、ずっと続いたといえるかもしれませんね。外国から攻められるかもしれないという危機感は強烈だったと思いますが、国内に目を転じると、天皇の支配は相当安定していたんだと思います。

簑原　それはすごく重要な指摘ですね。国内には脅威はなかったということを意味しますから。

本郷　そうですね。それを端的に表しているのが都城[12]だと思います。遣唐使は何度も長安に行っているわけですから、中国の都市のつくり方は知っているはずです。中国の都市はどこも城壁で囲まれていて、入るときに城門で「おまえ何者だ」「悪さしないだろうな」という検査を受けるわけです。

簑原　ヨーロッパもそうですね。

本郷　でも、日本では平城京も平安京も城壁はないですよね。

12　都城…洛陽や長安のように、周囲に城郭・城壁をめぐらせた都市。日本では持統朝に完成した藤原京以降、宮城（御所）を中心とした条坊制（碁盤目状の都市区画）は採用したが、城壁は造られなかった。

簑原　おもしろいですね！　今いわれてみて確かにそうだということに気づかされました。

本郷　古代史の研究者は、あんまりそういうことを強調しないのですが。

簑原　国内に敵がいない、つまり平和だということですよね。

本郷　おそらく平和なんですよ。敵がいないのか、いてもガッツがないだけなのか。天皇を倒して日本列島を支配してやろうというやつは、出てこないじゃないですか。

簑原　信長まで待たないといけない。

本郷　そうそう。ああいう人が出てこないんですよ。不思議なのは、ヤマト政権が成立したころ北陸には越国《こしのくに》があり、関東には毛野国《けぬのくに》、山陰には出雲国があり、おそらく信州の諏訪にも独立国があったでしょう。でも、そうした地域同士の戦いの話は、神話にもほとんど出てこないんです。

簑原　出てこないですね。

本郷　日本武尊[13]が一人で行ってやっつけてきましたという話ですよね。

簑原　平和的というか、牧歌的というか。

本郷　考古学の先生の中には、「日本は和を以て貴しとするから、戦わず話し合いで統一が進んだ」と考える方もいます。そんなに単純な話ではないだろうと疑いますが、確かに激しく戦っている形跡はないんです。

簑原　昔の人の骨を発掘すればわかりそうですが。ローマ時代の墓地もそうじゃないですか。

本郷　矢尻が刺さっていたり。

簑原　それはすごい傷ですよ。あばら骨に刀の破片が残っているとか、頭蓋骨が陥没しているとか。

本郷　それがまったくないんですよね。実際、古代の日本ではそこまで激しい戦いはなかったのかもしれません。たとえば、大和朝廷が文化の力で全国を制圧したといわれても、何か納得できてしまうというか。血で血を洗うような大きな戦いが起きたとは思えないですから。

簑原　それは記録にも残されていないんですか。

13 日本武尊…記紀に記された英雄で景行天皇の子、仲哀天皇の父とされる。九州の熊襲を滅ぼし、伊勢で草薙剣を授かり東国の蝦夷を平定したとされる。ヤマト政権の東西平定事業を一人の英雄の事績として象徴的に描いたものといわれる。

本郷　ないんですよ。『魏志』倭人伝には二世紀の終わりの邪馬台国の時代に、分立した小国家の争いが何十年も続いたことが記されています。倭国大乱[14]と呼ばれるできごとで、この時代の地層から矢尻が刺さった骨が見つかることもありますが、極めて少ないのが実情です。大乱というほど大きな戦いだったかどうかは疑問ですね。

　考古学や古代史の研究者のなかには、倭国大乱の反省から卑弥呼という神の声を聞ける女性を王に担いだ。そこに「和を以て貴し」とする日本の原点があるという意見もあります。

簑原　いろいろなもめごとが、卑弥呼の登場によってようやく落ち着いたのは事実なんでしょうね。

本郷　もめたんでしょうけど、たとえば中国の春秋戦国時代みたいに強大な軍隊を作って相手を叩きつぶすような戦いができるほどの力を、当時の支配者層がもっていたかというと疑問です。

簑原　そうですね。おそらく小規模で散発的な戦いだったのだろうと思います。ヨーロッパでも長期にわたる戦争はそうなりがちです。

本郷　大乱といっても数百人規模の軍隊だったから、日本武尊のような一人の英雄の話として集約されてしまったのかもしれません。どうしても、関東地方にヤマト政権の大軍が攻めこんで、関東の勢力が徹底的に抵抗して焼け野原になったような戦いは考えられませんよね。だから、ヤマト政権から三角縁神獣鏡《さんかくぶちしんじゅうきょう》[15]などの銅鏡や鉄剣を与えられて、これはすごい！と簡単に服属してしまったという方がイメージしやすい。

簑原　貴重な宝物を配ることで、戦うことなく屈服させることができたと。

本郷　そういう理解でいいのかもしれません。地方の有力者にとっては、自身の権力をどこか遠くにいるエラい人に認めてもらったという感覚をもてればいいわけで、そういう征服の仕方もありえないことではないですよね。

簑原　日本に来て思うのは、日本人はお上というかオーソリティー（権威）を受け入れることにさほど抵抗がないですよね。素直なんです。マッカーサー[16]が来ると盛りあがり、最後は盛大なパレードで見送りまでしたじゃないですか。

---

14 倭国大乱…『魏志』倭人伝によると、二世紀の終わりごろ倭国で大きな争乱が起こった。そこで、諸国が共同して邪馬台国の卑弥呼を女王にしたところ争乱は収まり、邪馬台国を中心とする二十九か国の小国連合が生まれたという。

15 三角縁神獣鏡…卑弥呼が中国・魏から「親魏倭王」の金印をもらった際に、一緒に下賜されたとされる銅鏡。縁の断面が三角形をしており、鏡の背に神獣（神仙と霊獣）が鋳られている。

本郷　そうでしたね。
簑原　海外だったら通常の反応は「ホワイ？（why）」ってなるはずですよ。何でおまえのいうことを聞かないといけないんだと。日本人にとって「お上」という存在はやはり違うのかなと思います。
本郷　お上に弱いですよね。お上意識は確かにあります。
簑原　政府が自粛しろといったら素直にするんですよ。フランスみたいにコロナ禍において千人規模のパーティーなんてしないんです（笑）。

外圧と権威に弱いのは今も昔も変わらない

簑原　白村江の戦いは日本人にとってどのような意味があったのでしょうか。
本郷　戦前の歴史学では、聖徳太子が日本の原点として位置づけられていました。しかし、実際は白村江の戦いに始まる外圧が日本の基礎を固めたという意味で、太子の時代から百年が下る七世紀末を日本の原点としてとらえ直すべきだと思います。
簑原　おもしろいのは、私が外務省の友人たちとお酒を飲む時、彼らがいつもいうのは、日本は自ら変わる力はない、だから外圧をうまく利用するしかないと。

本郷　そうなんですね。

簑原　アメリカとの交渉で常に日本が負けているようにみえるけど、そうしないと日本を変えることができないからというんです。アメリカが強く押してきたといえば日本の政治家も受け入れるしかないという気持ちになるだろうと。

だから、アメリカと交渉する際は、日本のここを変えたいという部分を、あえてアメリカ側からプッシュしてもらうようにさりげなくもっていく。そうすると、アメリカはそこを突いてくるので、日本側としては「本当はいやなんだけど、アメリカがいうから仕方ない」という形に収める。外圧を利用して国を変えていくというのは、昔も今も変わらないんですね。

本郷　本当にそうですね。

簑原　でも、逆にいえばそれってかなり情けない話じゃないですか。つまり、能動性を欠

16 マッカーサー…アメリカの軍人。アジア・太平洋戦争の終結後、連合国軍総司令官として日本に駐屯し、総司令部のGHQを設置して武装解除と民主化を進めた。サングラスとコーンパイプという印象的な風貌、「老兵は死なず、ただ消えゆくのみ」などの名言により日本国民から絶大な人気を博した。

いているという意味ですからね。

本郷　そうですね。だけど、外務官僚みたいなエリートたちがイニシアチブを取ろうとすると誰かが足を引っ張ろうとするでしょう。何か腹立つとかいって叩くんです。だけど、同じことを世襲政治家にいわれると何となく納得してしまう。さらに、世襲以上に説得力があるのが、いま簑原先生がおっしゃったような「アメリカからいわれたから仕方ない」といった外圧ですよね。権威や伝統を振りかざされると納得してしまう国民性なんです。

簑原　アメリカも別の意味でエリートが嫌いですよね。

本郷　どうして？

簑原　ベトナム戦争[17]の敗北が一つの転機となりました。デヴィッド・ハルバースタム[18]という人が書いた『ベスト&ブライテスト』には、アメリカ東部出身の一番優秀なエスタブリッシュメント[19]のエリートたちがベトナム戦争を推し進めて大きく失敗した結果、もうエリートは信用できないという風潮につながった。そうした反知性主義の極致といえるのがトランプイズムじゃないですか。

本郷　そうなんですね。

簑原　日本は世襲社会という話でしたが、「華道の家元の○代目です」といわれても、アメリカ人にはピンとこないと思います。

本郷 でしょうね。

簑原 努力して得た地位ではなく、○代目だからといってエラそうにされても全然説得力がない。でも日本人は「十七代目ですか、すごいですね」となる。

本郷 本当に、そうした精神性がどこからくるのかわかりません。

稲作文化が日本人の「和」を育んだ?

簑原 西洋と日本を比較する場合、アメリカではなくむしろヨーロッパと比べた方がわかりやすいと思います。アメリカはもう異次元の世界ですから。

---

17 ベトナム戦争…二十世紀半ば、南北に分断されたベトナムで起こった統一戦争。南ベトナムを支援するアメリカが軍事介入したことでドロ沼化し、米国内で激しい反戦運動が展開された。

18 デヴィッド・ハルバースタム…アメリカ人ジャーナリスト。ベトナム戦争の報道でピュリッツァー賞を受賞。戦争を悪化させたジョンソン政権の政治エリートをテーマにした『ベスト&ブライテスト』で名声を確立した。

19 エスタブリッシュメント…既成の社会制度や支配階級をさす言葉。一九六〇年代のアメリカの反体制運動でさかんに使用されるようになった。

本郷　たぶんそうでしょうね。

簑原　その要因の一つは、アメリカにはフロンティアが存在したからだと思います。日本でフロンティアといえば北海道ですが、それはあくまで国土を広げていく概念が中心ですよね。でも、アメリカのフロンティアというのはとてつもなく広大な土地――もう北海道どころの規模ではない――と空間をどうやって埋めていくかということなんです。この空間という概念が日本やヨーロッパと違っていて、だからこそ失敗しても場所を移していつでも立ち上がって何度でも再挑戦できる。失敗することがあまりマイナスではないんです。

また、コミュニティーにおける考え方も日本と違っていて、村八分になることは決してマイナスじゃない。西部開拓期のアメリカのコロニーは、それぞれ考え方が全然違っていました。カトリックだけのコロニー、平和主義者を中心としたコロニー、奴隷制を容認しないコロニーなど、多種多様性のなか、考えが合う者同士が集まり、その後意見がわかれたら別の場所に移っていく。次の地へ移れるという選択肢があること自体が大きな空間の存在を示すわけです。もちろん、先住民はいましたが、それ以上に広大な土地がありましたからね。

他方、ヨーロッパには、そうした広大な土地はありません。そうした狭い空間だからこそ、ヨーロッパで多くの戦争が繰り返され、多くの血が流されたのではないでしょうか。

本郷　そうでしょうね。狭い土地を確保しようとすれば、どうしても戦争にならざるをえません。そうすると、日本で古代に大きな戦争が起こらなかったのは、まだ人よりも土地がいっぱいあったからかもしれないですね。

簑原　食べ物も豊富にあったのではないですか。

本郷　あったんでしょうね。

簑原　ヨーロッパはそこまでないので。

本郷　そうか。そう考えると米を作って食べる文化っていいですね。

簑原　やはり大陸はシビアだと思いますよ。四方から敵に攻められますからね。島国はいってみれば天然の要害に囲まれているようなものなので簡単には攻めこまれない。その中で米を作って食べている。稲作という文化は日本にとって大きいですね。

本郷　そうですね。

簑原　アメリカのある学者が書いていましたが、稲作はチームワークが大事だから、みんなで連帯して一生懸命働かないと食べていけない。だから、村という集団がとても大切で、和を大切にしなければいけないところが西洋とは違うと。

本郷　確かにそうですね。中国の王朝は常に戦争状態で、いつ北から異民族が襲ってくるかわからなかった。日本では白村江の戦いの直後こそ、そうした危機感はありましたが、奈良・平安時代になるとそうした外圧を感じることはほとんどなくなります。海の向こうから敵が攻めてくる危険を考える必要がなかったことが、日本の国づくりの根幹に大きくかかわっているのでしょうね。そこは、陸続きの中国やヨーロッパと決定的に違うところだと思います。やはり海に隔てられている点で、大陸からみると費用対効果として割に合わなかったというのが大きいと思います。

特に七世紀の新羅にとっては、かつての百済や高句麗だった国土をおさえることの方が重要だったのだと思います。だから、日本人が襲いかかってこない限り、朝鮮半島から日本に出兵することはなかった。得られるものがほとんどないんですから。

簑原　ノルマン征服によるイギリス侵略とは違いますね。

本郷　でも、ヨーロッパは麦が主食じゃないですか。小麦と稲作はそんなに違いますか。

簑原　小麦より稲作の方が大変らしいですよ。おそらく、古代の日本が平和を大事にしてきたのは、すごいコストをかけて米を作っているのに、戦争で台なしにされるとダメージが大きいから、暗黙のルールのようなものができたのではないでしょうか。

本郷　小麦は土地をすごく疲弊させるから、ヨーロッパでは三圃制[20]という農法がとられていましたね。それでも稲作よりも大変だったのでしょうか。

簑原　用水を確保しなければいけないことが、稲作の方が小麦より大変な理由の一つではないでしょうか。

本郷　確かに水を引っ張ってこようとすると、すぐに戦争になりますよね。そういう意味では稲作文化も十分に戦争が起こりやすいともいえますね。

簑原　でも、戦争の原因という点では、やはり日本とヨーロッパでは違うと思います。そこを突きつめて考えればおもしろい発見があるかもしれませんね。

20　三圃制…耕地を三つに分割し、一つを休閑地として、他の二つでそれぞれ春まきの大麦や豆類、秋まきの小麦・ライ麦などを育てる農法。中世ヨーロッパで広く行われた。

第三章
モンゴルの来襲
——鎌倉幕府の倒壊——

時代を読む

武士の台頭と鎌倉幕府の成立

九世紀末に遣唐使が廃止されたのち、民間商人による貿易は引き続き行われたが、日本と大陸の公的な交流は絶えた。外国をケガレの世界とする観念が生まれ、貴人が外国人と接触することは忌むべきものとなっていく。新たな文化や思想の流入は絶えたが、国内では税制や地方行政を日本の実状に応じて手直しするなど律令制度の見直しが図られ、大陸文化と日本人の感性を融合した独自の国風文化が発達する。

外敵の侵入は、寛仁三年（一〇一九）、九州北部を襲撃した女真族を大宰権帥《だざいごんのそち》・藤原隆家が撃退した「刀伊の入寇」があった程度で、比較的平和な状態が続いた。

一方、地方社会では、九世紀末から有力豪族や土着した国司の子孫などが所領を守るために武装し、各地で紛争が多発。その中から有力な武士団が成長していく。十世紀半ば、平将門・藤原純友の乱が起こると、鎮圧に貢献した源平の武士は、朝廷の位階を得て中央政界に進出。摂関家や院政を行う上皇に仕えて財力と軍事力を蓄えた。

当初、武士は謀反人の追捕、寺社の強訴の防御などに動員される朝廷のガードマン的存在だった。しかし、後白河天皇と崇徳上皇が皇位を争った保元の乱で、平清盛・源義朝らが天皇方に勝利をもたらしたことで、武士の力が認識されるようになる。清盛は続く平治の乱で、謀反を起こした源義朝を破り、朝廷の軍事・警察権を掌握。武士として初めて公卿（朝廷の議政官）となり太政大臣まで上りつめる。出家後も政界に影響力を保ち、対立する後白河法皇を幽閉して初の武家政権を樹立した。

しかし、急速な台頭は公家や地方武士の反発を招き、各地で反平家勢力が挙兵して全国的な内乱に発展する（治承・寿永の内乱）。伊豆で挙兵した源頼朝は、味方の武士の所領を保証する独自の恩賞制度を創出し、在地武士の支持を得て勢力を拡大。やがて朝廷の承認を得て官軍となり、平家や奥州藤原氏を滅ぼして鎌倉幕府を開いた。

頼朝の死後、幕府の実権は将軍の補佐役である執権の北条氏に移り、将軍権力は弱体化していく。さらに承久三年（一二二一）、討幕をめざす後鳥羽上皇を承久の乱で倒したことで朝廷を超える権力を握り、幕末まで続く武士の世が本格的に幕を開ける。

北条氏のもと、幕府は裁判制度や武家法の整備などの基盤を整え国内は安定したが、十三世紀半ば、モンゴル帝国が東アジアに進出し日本にも朝貢を求めた。執権・北条時宗がそれを拒絶したことで、中世最大の対外危機である蒙古襲来が勃発する。

ワイルド・イーストの世界から武士が台頭

本郷　モンゴルの襲来の前に、平安時代の外交について振り返っておきましょう。日本は平安時代の前半に遣唐使をやめてしまいますが、ここに当時の日本の対外意識が象徴されていると思います。

簑原　そうですね。

本郷　もう命をかけて唐に渡っても学ぶべきものがないということが一つ。もう一つは、向こうからもってきたものを、自分たちが受容できるものに改変する努力が大変になった。それで、もう遣唐使を行わなくていいという話になったのではないかと思います。

当時の唐は玄宗[1]の時代で、寵愛する楊貴妃の一族のために安史の乱[2]という戦乱が起こりました。乱後の唐は、宦官[3]が台頭して皇帝を抱きこんだり異民族が侵入したりしていて、あまりいい時代ではなかったんです。

歴代の皇帝たちは不老不死を夢見て仙人になることをめざしたそうです。それで水銀を飲んでいるんですよ。みんな早死にしますけど。

簑原　水銀を飲むと一瞬、若返っているような現象が起こるらしいですね。血行がよくなって肌にもツヤが出て。でも最期は水銀中毒で死んでしまう。秦の始皇帝もそうでしたね。

本郷　大陸と国交が絶えたことで、平安時代は基本的にまったりした時代になったと思います。

簑原　中国の影響を受けることなく、日本独自の文化が開花するんですよね。

本郷　そうです。『古今和歌集』や『源氏物語』などが生まれ、いわゆる国風文化[4]が発達するわけです。言葉の面では、かな文字や和風漢文が成立するのもこの時代です。それまでの漢文は、中国人が読んでも理解できるものでした。しかし、平安時代の貴族の日記は、日本語を基本とした和風漢文で書いてあるため、中国人がみても正確には読み取れないか

1　玄宗…唐の第六代皇帝。治世の前半は「開元の治」と呼ばれる善政をしき産業や文化が発展したが、後半は楊貴妃の色香におぼれ、楊氏一族を抜擢して政治は腐敗し安史の乱を招いた。

2　安史の乱…唐朝中期の七五五～七六三年、安禄山と史思明が起こした反乱。安禄山は華北の大半を制圧し皇帝を自称したが、ウイグルの支援を受けた唐の反撃を受けて鎮圧される。乱の結果、税制や軍制が改革され唐朝の中央集権体制が崩れる契機となった。

3　宦官…宮廷に仕える去勢された男性の官人。皇帝に近侍したため、しばしば政治の実権を握り王朝の衰退を招いた。

4　国風文化…中国との国交が絶えた十～十一世紀、それ以前に流入した大陸文化と日本人の感性が融合して生まれた日本独自の文化。

もしれません。

簑原　平安というだけあって、日本国内は平和な時代の到来となったのでしょうか。

本郷　平和というか、反乱を起こすようなレベルでの権力闘争はなかったということです。

簑原　安定していたと。

本郷　そうですね。僕がいつもいうのは、関東は『北斗の拳』[5]の状態。しかも、ケンシロウがいないから強い者勝ちの世界。

簑原　アメリカ西部開拓時代のワイルド・ウエスト[6]ならぬワイルド・イーストとでもいうべき状態だったと。

本郷　そうですね。ただ、日本全体をみると、まったりのんびりしていた。そこに武力をもった武士が出てきて、やがて関東で一旗あげて鎌倉幕府をつくって権力を握るわけです。武士がいくら武力をもっていても、やはり京都の近くでは一旗あげづらい。遠く離れた田舎の関東で挙兵したから成功したわけです。

簑原　でも、なぜそんな平和な時代に武士が出てくるんですか。

本郷　政局を打開するうえで一番の決定打は、やはり戦争なんですね。そこで武力というものが大きな意味をもつんじゃないですか。保元の乱[7]が起きた時、ドラスティックに状況を変えるためには武力が一番手っ取り早い、武士の力が必要であるということを人々が認識するんですね。

簑原　何か西部開拓時代のシェリフ[8]みたいですね。武力をもっていることが、かえって安定に寄与する。

本郷　そうかもしれません。武士の登場によって、武力をもった新しい権力が生まれたわけです。現代の僕たちからすると、武力をもっている人が強いというのはごくあたり前の感覚だと思うのですが、日本はのんびりした国なので、平安時代が始まって三百年くらいしないと武士が台頭してこないのです。だけど、一度政治の表舞台に出てきたらその動き

---

5 北斗の拳…一九八〇年代に一世を風靡した『週刊少年ジャンプ』連載のアクション活劇。最終戦争後の暴力が支配する荒廃した世界を舞台に、北斗神拳の伝承者であるケンシロウの活躍を描く。

6 ワイルド・ウエスト…一八六〇年代から一八九〇年までの西部開拓時代の別称。オールド・ウエストとも呼ぶ。

7 保元の乱…保元元年（一一五六）、後白河天皇と崇徳上皇の間で起こった皇位継承の争い。天皇方の平清盛・源義朝と上皇方の源為義・為朝らが京で合戦を繰り広げ、天皇方が勝利。公家の権力闘争に武力が有効であることが認識される契機となった。天台座主の慈円は『愚管抄』で、この戦いを機に日本が「武者の世」になったと述べている。

8 シェリフ…アメリカの警察・警備業務に携わる保安官。西部開拓時代、治安の悪い地域では無法者や強盗団に対抗するために、命知らずのならず者やゴロツキが選挙でシェリフに選ばれることもあった。

は止まらなくて、結局、明治維新まで武士の世が続いてしまうんですね。

外交の失敗が二度の蒙古襲来を招いた？

簑原　この時代に、武力の革新のようなものがあったのですか。この時代の戦いはどちらかといえば一騎打ちのイメージがありますが。

本郷　そうです。

簑原　組織戦はまだできていないのですか。

本郷　組織戦のようなシステマティックな戦い方はありませんでした。平安・鎌倉時代はまだ個人の武勇が基本になっています。そこに現れたのがモンゴル帝国[9]です。中国の北方を占領していた騎馬民族で、第一章で出てきた契丹の後継者のような国です。あの連中が中国まで支配を広げて元という国をつくるわけですね。

簑原　そうですね。東欧のハンガリーまで攻めこみました。

本郷　そうです。めちゃめちゃ強かった。何で強いのかというと、おそらく製鉄技術が優れていたのだと思います。初代チンギス・ハンの幼名のテムジンが、まさに「鉄の人」という意味ですよね。鉄のひづめである蹄鉄を作る技術があったので、強い騎馬軍団を作ることができたのでしょう。

第一章で述べたように、漢字文化圏でなくても文明の蓄積はあります。東アジアに支配を広げたモンゴルは中国の文明をしっかりと吸収し、中国の南宋を滅ぼして元という大帝国をつくってしまいました。フビライはチンギス・ハンの孫ですから、たった二世代、四十年くらいでこれだけのことをなしとげてしまったわけです。

簑原　モンゴルは日本に何を見いだしたのでしょうか。屈服させたいということなのですか。

本郷　いや、屈服も何もないんです。現代のアジアの研究者たちがいうのは、フビライは朝貢や冊封といった中国の伝統的な外交のあり方を踏襲したにすぎない。要は、日本に「元という国が新しくできましたよ、だから挨拶に来なさい」といってきただけなんです。それで丁寧に国書まで送ってくれた。しかも、その国書を読むとびっくりするくらい対等な書式で書いてあるんです。

9 モンゴル帝国…十三世紀初頭、チンギス・ハンがモンゴル系諸部族を統合して中央アジアに打ち立てた帝国。南ロシアや中国、イランにまたがるアジアの大半を征服し、ハンガリーやポーランドなど東欧まで攻めこんだ。

簑原　礼節ある態度で接してるんですね。

本郷　だから、日本側がそれをきちんと理解して、「今度、中国で一旗あげられたそうですね、どうか日本のこともよろしくお願いします」と頭を下げていれば何の問題もなかったんですよ。

簑原　ならば攻めてこなかった？

本郷　攻めてこなかった。アジア史研究者の間ではそういうとらえ方がされていて、僕自身も納得できる説だと思っています。

簑原　じゃあ、これは日本外交の失敗ということですか。

本郷　大失敗ですよ。

簑原　それはおもしろいですね。

フビライは日本がほしいわけではなかった？

本郷　まず、当時の朝廷が小中華的な発想をもっていました。あのころの日本も相当にナショナリズムが強かったんです。

簑原　つまり、プライドが高かったと。

本郷　まったりとした時代が長く、外国とのおつき合いもなかったから、それこそ夜郎自大になっていたんですね。フビライの国書は朝廷にも届けられて、「これは何だ」といって話し合いをしているわけです。貴族たちは、元朝がモンゴルの建てた国だということは知っているので、「あいつら野蛮人だから、こんな無礼なものを送ってきやがった」みたいなことをいっているんです。

そうはいっても正式な国書なので、朝廷では元に返書を送るつもりで下書きまで作ったのですが、そこへ鎌倉幕府がチャチャを入れてきた。「それをやるのは私たちの仕事です、あなたたちは引っこんでいてください」ということをいって、元の国書をひったくってしまった。しかも、ひったくるならきちんと対処すればいいものを、幕府はフビライの要求をすべて無視したんです。

むこうは丁寧に国書を送って、挨拶しに来なさいといった以上、日本がお土産をもってきたら十倍にして返すつもりだったはずです。朝貢とはそういうものですからね。一が来たら十を返す。中国としては大損なわけですが、それが中華帝国としてのプライドというか格式のようなもので、中国としてはやらざるをえない。

元としてはそれくらいのことをしてあげるつもりだったのに、日本はウンともスンともいわない。だから、フビライは日本に何人も使者を派遣しました。第一章でもお話しした趙良弼という人は、日本に一年以上も滞在して、日本の様子をくまなく見て、フビライにリポートを書いた。

簑原　得るものはないぞ、と。

本郷　そう。あなたが相手にするような国ではありません、費用対効果を考えたら全然話になりませんと。こんなところを攻めてもしょうがないですよ、と報告したのです。しかし、フビライは「伝統的な中華の文化を俺は体現しているんだ。俺に頭を下げないとは何ごとか」といって攻めてきちゃった。

簑原　プライドを蹂躙されて頭にきたんですね。

本郷　そう。攻めてきたんだけど、一回目の文永の役[10]はおそらく威力偵察[11]だろうといわれています。元は高麗の軍勢も合わせて三万くらいの兵を日本に派遣して、一応は戦ったわけですが、すぐに帰ってしまうのです。真面目に戦わないで。

簑原　日本の出方を探ったのでしょうか。

本郷　おそらく、そうだと思います。それで、また元から杜世忠という使者がやってきます。フビライとしては、日本が目をさまして「この間はつい戦ってしまい、すみませんでした」というかと思ったのでしょうが、幕府は杜世忠の首を斬ってしまうんです。

簑原　あちゃー。

本郷　ほとんど野蛮人のやることですよね。元に使者を送ればそれですむのに、どうしてそこまで鎌倉幕府の人々はバカだったのだろうと思います。当時の執権は北条時宗[12]で、戦前の小学校では「救国の英雄」というふうに教えていたんですよね。確かに、北条氏の歴代当主は名君ぞろいです。非常に賢い一族なのですが、時宗の代からバカになるのかな。そういう、めちゃくちゃなことをやっていて、じゃあきちんと戦いに向き合っているのかというとそうでもない。たとえば、明治天皇は日清戦争[13]の時、広島に大本営を移したじゃないですか。時宗はそういうことをしていないんです。自分はぬくぬくと鎌倉にいるだ

10 文永の役…文永十一年（一二七四）に起こった一回目の蒙古襲来。三万の元軍が対馬・壱岐を攻略し博多湾から上陸。日本軍は敵の集団戦法や毒矢、てつはう（鉄砲）などに苦しめられ大宰府まで後退したが、元軍は撤退した。かつては神風が吹いたためといわれたが、当時嵐が起こった可能性は低く、偵察あるいは内部分裂など諸説ある。

11 威力偵察…敵の装備や攻撃・防御力を知るために実際に戦闘を行う偵察方法。

12 北条時宗…十八歳で八代執権に就任。異母兄の北条時輔や一族の名越氏を粛清し（二月騒動）、得宗家（北条氏嫡流）への権力集中を図った。禅宗に傾倒し無学祖元を招いて鎌倉に円覚寺を開いた。

け。しかも、文永の役の司令官は少弐氏[14]という地元の武士。北条一族でも何でもない人に全軍の指揮を任せているんです。

「神風」がなかったら日本はどうなっていた?

本郷 防衛の面でも手抜きが多い。文永の役ののち、モンゴルはまた攻めてくるはずだから対処しましょうということで、御家人たちに命じて博多湾に防塁[15]を築きました。

簑原 それを福岡市郊外にある九州大学近くの海岸沿いで見たことがあります。

本郷 あれは復元ですけどね。海岸に石を積んだわけですが、あんなしょぼい防壁でどうやって戦うというのでしょうか。『キングダム』[16]という漫画が流行っていますけど、中国では春秋戦国時代からすごい城壁を造ってきたでしょう。元の大軍が攻めてくるかもしれないというのに、当時の幕府にはあの程度の防壁しか造れなかった。

簑原 相手の使者の首をはねているわけですから、さらにしっかりと防衛を整えないといけないですよね。それで二度目の蒙古襲来が起こったんですね。

本郷 そう。弘安の役[17]が起こって、そこでたぶん「神風」と呼ばれる嵐が起こった。

簑原 でも、それで目を覚ましたわけですよね。外国は強いと。

本郷　うーん、結果的に勝ってしまったという感じで、あまり真面目に考えていなかったのではないですかね。

簑原　モンゴルは火薬も使っていたんですよね。

本郷　そうです。「てつはう」（鉄砲）という武器があって、球みたいなものに火薬を詰めて爆発させるんです。

簑原　手榴弾みたいなもので、鉄の破片が飛び散って相手を殺傷するんですよね。もし、

13　日清戦争…明治二十七～二十八年（一八九四～九五）、朝鮮支配をめぐって日本と清朝の間で行われた戦争。広島城に大本営（軍の最高統帥機関）が設置され、ここに明治天皇も入り半年以上にわたって指揮をとった。

14　少弐氏…鎌倉初期、武藤資頼が大宰少弐（大宰府の次官）となったのに始まる。子孫は筑前・豊前・対馬などの守護を務めた。

15　防塁…蒙古襲来の際、博多湾一帯に築かれた推定約二〇キロメートル、高さ二メートル前後の石築地。福岡市西区生の松原、同早良区百道など十数か所が史跡に指定され、一部で当時の姿が復元されている。

16　キングダム…『週刊ヤングジャンプ』に連載中の人気漫画。春秋戦国時代末期の中国を舞台に「天下の大将軍」をめざす少年・信と、始皇帝となる若き王・嬴政の活躍を描く。

17　弘安の役…弘安四年（一二八一）に起こった二度目の蒙古襲来。元と高麗などの連合軍は十四万の大軍で九州に迫ったが、御家人たちの奮戦で上陸を阻まれている間に暴風雨が起こり壊滅した。

神風がなかったら、日本の歴史は変わっていたわけですか。そこまではいえないでしょうか。

本郷　いや、僕は変わっていたと思いますよ。北九州くらいは占領されていたかもしれません。だけど、それこそ費用対効果の問題で、そのうち飽きて帰っていったのではないかと思いますけど（笑）。

簑原　何もないぞと。

本郷　だって、おいしくないですから。日本を占領して、海外と交易できる資源が手に入ればいいのですが、ないんですよ。よく、この程度の資源や産業で日宋貿易[18]ができたなと思います。一応、金・銀・銅はとれるので、それはよかったのかもしれませんが。特に奥州産の金は質が高く、奥州藤原氏[19]の平泉政権は金を基盤としていましたが、それほどたくさん採れたわけではありません。

簑原　すぐ枯渇してしまいますよね。

本郷　そうなんです。結局、金はかれてしまった。銀は石見銀山[20]が有名ですが、蒙古襲来の時はまだ開発されていません。貴金属についても日本はそれほどおいしくないんです。日本を征服してもいいことはない。

蒙古襲来が日本と朝鮮の進む道を分けた？

本郷　一方、蒙古襲来によって日本が受けた影響は大きかったと思います。その一つは、元軍が操る集団戦法というものを、初めて鎌倉武士が体験したことです。「やあやあ、我こそは」といって一騎打ちを挑んだのに、太鼓やドラを鳴らしながら集団で向かってきたり、てつはうや毒矢が飛んできたりするのですから驚いたと思いますよ。数十年後の南北朝の内乱では、国内でも実際に集団戦法が使われるようになります。

簑原　日本の武士こそが蒙古襲来の影響を受けたということですよね。

本郷　そうです。集団戦の中から槍も生まれました。それまで日本に槍はなかったんです。

18 日宋貿易…平安末期、平清盛によって本格的に始められ、鎌倉時代に最盛期を迎えた。宋から香料・銅銭・医薬品・書籍・陶磁器などがもたらされ、日本からは刀剣・水銀・硫黄・砂金などが輸出された。

19 奥州藤原氏…奥州平泉（岩手県平泉町）を拠点として、藤原清衡・基衡・秀衡の三代、百年にわたって奥羽を支配した地方政権。四代・泰衡が源義経をかくまったことを口実に、文治五年（一一八九）、鎌倉幕府に滅ぼされた。

20 石見銀山…島根県大田市にある日本最大の銀山。戦国時代後期に本格的に採掘が始まり、「灰吹法」と呼ばれる精錬技術で良質の銀を大量に生産した。南蛮貿易を通じて世界経済にも大きな影響を与えたといわれる。

長い武器は薙刀が主流でした。何で薙刀を使わなくなったのかというと、薙刀は横に払って使うので、集団戦だと敵ではなく味方を斬ってしまう危険があったからです。集団戦では槍で前に突いた方がいいんですよ。それで南北朝に初めて槍が使われるようになったのです。

でも、もしかすると一番大きな影響は、日本は神国だからいざとなったら神風が吹くという、わけのわからない迷信が生まれたことかもしれません。そうした日本人の精神性は太平洋戦争にも影響を与えました。

簑原 それは大きいですよね。この時代から、もういわれていたのですか。

本郷 神が救ってくれたという物語は当時からありました。

簑原 すぐに出てきたんですか。

本郷 そうです。なぜかというと、神社や寺がすごくがめついんですよ。自分たちが拝んだから神が風を吹かせたという理屈です。

簑原 なるほど。人の心を摑むという意味で宗教は怖い側面がありますね。

本郷 私たちが拝んで神風が吹いたのだからご褒美をくださいという話が、もう当時から作られていた。寺社は宗教の力で朝廷を支えているわけだから、当然という気持ちだったのでしょう。

簑原　私がアメリカでの大学生時代の日本史の授業で教わったのは、鎌倉幕府が御家人たちにご褒美を振るまわなくてはいけなかったのに、あげるものがなくて弱体化していったとの説明でした。それは正しいのですか。

本郷　正しいと思います。だから、それ以前の賢い北条氏だったら、自分の財産を割いてでも、みんなに分け与えたと思うんです。

簑原　なるほど。

本郷　ところが北条時宗は、モンゴルの使者の首を斬ってしまうほどのアホだったから、それをやらなかった。だから、御家人たちにすれば「一生懸命戦っても褒美をくれないなんて、幕府も大したことないな」という意識が生じただろうと思います。それでも、幕府は御家人を守る存在なんだと信じている人たちが上層部を占めていたので、そう簡単にはひっくり返らなかった。結局、幕府が滅びるまで五十年かかったわけです。

簑原　モンゴルとの戦いは、あれはモンゴル人ではなく、基本的に朝鮮半島の高麗の兵士だったので士気も低く、戦い慣れもしていなかったとどこかで読んだことがあります。

本郷　戦い慣れしていなかったわけではないですよ。当時の朝鮮には三別抄《さんべつしょう》[21]という軍隊がありました。別抄というのは軍隊という意味で、右別抄、左別抄、神義別抄の三つで三別抄です。モンゴルの皇帝にヘコヘコしている高麗の王さまを見限って、自分たちだけでモンゴルとの戦いを継続した連中です。たぶん、そこで日本と朝鮮の歴史が分かれてしまったのではないかと、僕は思っているんです。

簑原　それはおもしろい視点ですね。

本郷　平清盛の時代に初めて武家政権ができた時、ちょうど朝鮮でも武人の政権が生まれているんです。崔忠献[22]という人が日本の征夷大将軍と同じように、高麗の王さまを戴いたまま政治の実権を握ったのです。中国や朝鮮では、必ず武人より文人の格が上なのですが。

簑原　両班《ヤンバン》[23]ですね。

本郷　しかも、崔氏の武人政権の経済的な基盤は荘園なんです。

簑原　日本と似ていますね。

本郷　それが平家政権と同じ時期に出てくるんですよ。だから、朝鮮でも武人政権が続けば日本のようになったのかもしれない。ところが、モンゴルによる支配を経験したことが、歴史の転換点になりました。朝鮮半島は地続きですから、モンゴルは徹底的に崔氏の武人政権をつぶしてしまうんです。

一方、日本は結果的にモンゴルの侵攻を免れ、その後も武家政権が政治の主導権を握り続ける。一方、朝鮮では武人政権が倒れて、その後は文人政権が続いていく。モンゴルによる侵略は朝鮮と日本の歴史が大きく分かれる転換点になったと考えています。

蒙古襲来が鎌倉幕府の崩壊を早めた?

簑原　モンゴル来襲がなかったら、鎌倉幕府はもっと長く続いていたのでしょうか。

本郷　もう少し長く続いたと思いますよ。実は当時、鎌倉幕府が何のためにあるのかという問題意識がありました。明確な言葉で語られたわけではありませんが、日本列島を治めるための政権であるという考え方と、御家人の利益を守るための政権であるべきという二つの派閥が幕府の内部にあったのです。前者の筆頭が蒙古襲来の恩沢《おんたく》奉行も務めた有力御

21　三別抄…モンゴルに抵抗した高麗の軍隊。これが珍島や済州島を拠点としてモンゴルに抵抗を続けたことが、フビライの日本遠征を遅らせる原因になったともいわれる。

22　崔忠献…十二世紀後半~十三世紀初頭の高麗の武人政治家。実権を握る武臣の李義旼を滅ぼして武人政権を打ち立て、以後、四代にわたって高麗王朝を支配した。

23　両班…文班と武班の二班からなる高麗の官僚制度。朝儀の際は両班が東と西に分かれて二列に並んだ。

家人の安達泰盛[24]、後者が北条氏直属の家臣である平頼綱[25]を支持する一派です。

日本全国を支配すべきだと考えている人たちは、「御家人以外の武士もモンゴルと戦ってくれたじゃないか。あいつらにも褒美をやろう」という。公家や寺社に仕える御家人以外の武士も鎌倉幕府に取り込もうと考えました。

しかし、従来のように御家人の利益を守るべきだという人々は、「あんなやつらを仲間に入れるのは嫌だ。俺たちは俺たちの利益を追求するべきだ」と考えました。そもそも鎌倉幕府が生まれたのもそのためなのだから、そこは譲れないよ、というわけです。蒙古襲来によって、そうした政治的立場の違いが明瞭になってしまいました。

そして、弘安の役の四年後の弘安八年（一二八五）、その両勢力が激突する。この霜月騒動[26]という戦いによって、日本全体をきちんと統治しようという派閥が皆殺しにされてしまうのです。

その結果、御家人の利益だけを考える連中が残った。彼らは一応、御家人の利益は守ろうといっているので、御家人はとりあえず安泰なわけですね。しかし、御家人以外の連中にとっては、幕府は俺たちのことを何も考えてくれないということで、だんだんと不平不満が大きくなっていきました。

簑原　なるほどですね。

本郷　これをよく表しているのが有名な永仁の徳政令[27]です。その内容は、御家人が売った土地は無償で返しなさいというもので、もう御家人のことしか考えてない。だから、御家人から土地を買った人はまる損なんですよ。今までの研究史では、この法令にもそれなりに意味があったはずだと解釈しようとしてきましたが、僕の考えは違っていて、これはひどい法なのだとずっと主張してきました。

このように、かろうじて御家人が鎌倉幕府を支えていた時、後醍醐天皇が倒幕をめざして立ち上がり、楠木正成[28]などがこれにこたえて挙兵します。御家人たちは一応、幕府を守

24　安達泰盛…北条時宗に妹を嫁がせるなど姻戚関係を結び、北条氏の外戚として権勢を誇る。時宗の死後、弘安徳政と呼ばれる政策を推進し、御家人の保護、御家人層の拡大を図った。

25　平頼綱…北条氏の家臣である御内人の筆頭（内管領）。霜月騒動で安達泰盛の一派を滅ぼし幕府の実権を握るが、正応六年（一二九三）四月、北条貞時に滅ぼされた（平禅門の乱）。

26　霜月騒動…平頼綱が安達泰盛の一族を滅ぼした事件。かつては御家人と御内人の勢力争いが原因とされていたが、実際は急進的な泰盛の拡大政策に対する頼綱ら保守層の反発があったといわれている。

27　永仁の徳政令…永仁五年（一二九七）、御家人の所領の質入れや売買の無償返却、訴訟のやり直しの禁止などを命じた幕府の法令。御家人保護を前面に出しつつ訴訟を減らすことが目的だったともいわれている。

るために討伐軍を編成して戦いましたが、そこに現れたのが足利尊氏[29]でした。清和源氏の名門出身で、北条氏に次ぐ有力御家人である尊氏が「北条氏を倒すから俺の味方にならない？」といいはじめたのです。これを知った御家人たちは、「北条さんがつぶれても、足利さんが頑張ってくれるのならそっちについていこう」といってワーッと集まってきた。

簑原　足利尊氏がおいしい部分をもっていったと。

本郷　そういうことだと思います。モンゴルを追い払った時、きちんと対処しなかったツケが、五十年後にやってきたという気がしています。

鎌倉御家人はいい加減

本郷　あまり知られていませんが、モンゴルと敵対関係にあった間も、御家人たちはちゃっかり日元貿易をやっていました。現在の東京都の葛西あたりを拠点としていた葛西氏[30]という有力御家人が、元との間で一生懸命商売していたことが、長崎県の五島地方に残る『青方文書』[31]という史料に記されています。それはたまたま残っていたわけですが、きっとほかの御家人たちも元と貿易していたのだと思います。当時の鎌倉御家人がいかにいい加減だったかということですね。

簑原　鎌倉幕府の方針とは別に、貿易でしっかり儲けていた。

本郷　そうです。有名な新安沈船[32]というのがあって、朝鮮半島の沖合に沈んでいる船を引き揚げたところ、いろいろな交易品が積んであって、日本と元との間で活発に貿易が行われていたことがわかりました。

簑原　そうした証拠が見つかるとおもしろいですね。

28　楠木正成…河内の武士。後醍醐の皇子・護良親王とともに倒幕運動を主導。赤坂・千早城の戦いで、長期にわたり幕府の大軍を防いだことが各地の武士の決起をうながし、討幕を成功させる大きな要因となった。

29　足利尊氏…足利氏は下野国足利荘を拠点とする清和源氏の一流。北条氏と姻戚関係を結び、鎌倉時代をとおして有力御家人の地位を保った。尊氏は後醍醐天皇の反乱を鎮めるため上洛中に反北条に転じて六波羅探題（幕府の出先機関）を攻撃。日和見していた御家人たちを北条氏から離反させ、討幕の原動力となった。

30　葛西氏…坂東平氏の一流で、源頼朝に仕えた葛西清重を祖とする。清重は奥州合戦の功で奥州総奉行に任じられ、子孫は奥州の大名として発展した。

31　青方文書…鎌倉幕府の御家人を務め、近世は五島藩の家老となった青方家に伝わる古文書。頼朝の下文や異国警固番役に関わる文書など貴重な史料が伝えられている。

32　新安沈船…一九七五年に韓国南西の全羅南道新安郡の沖合で発見された沈没船。中国宋・元代の陶磁器や銅銭、金属製品、日本製の瀬戸焼や刀装品、和鏡、東福寺銘の木簡などが見つかっている。

本郷　国と国との戦いといっても、御家人たちの感覚としては相当ゆるいわけです。

簑原　ハハハ。現在の日中関係みたいですね。価値観を共有せず、仲は悪いはずなのに、商売は続けて経済的に依存している。今の御家人相当である企業は国家の将来ではなく、自らのボトムラインしか考えていないからこそ採れる行動ですね。

やはり歴史から学ぶべき教訓は必ずあると私は思います。その教訓を浮き彫りにする作業を通じて、日本の国家的なＤＮＡのようなものが見えてくるのではないでしょうか。

第四章

鉄砲の伝来

――戦国時代の終焉――

時代を読む

南北朝の動乱と戦国時代の幕開け

蒙古襲来後、鎌倉幕府では北条得宗家（北条氏宗家）の独裁が確立し、全国の守護の半分以上を北条一門が占めるようになる。一方、御家人は分割相続の繰り返しで所領が減少し、貨幣経済に対応できず窮乏するものが増えていった。各地では幕府や荘園領主に反抗する悪党が横行し社会不安が広がっていく。

北条氏に対する人々の反発を察した後醍醐天皇は討幕をめざし挙兵。元弘三年（一三三三）、楠木正成や足利尊氏、新田義貞らの活躍で鎌倉幕府を滅亡させる。しかし、公家中心の政治をめざした「建武の新政」と呼ばれる改革は失敗し、間もなく後醍醐と尊氏は対立。勝利した尊氏は北朝を擁立して京に室町幕府を開き、敗れた後醍醐は吉野に退いて南朝を開き、六十年におよぶ南北朝時代が幕を開ける。

南朝の抵抗は長くは続かず、三代将軍・足利義満の時、北朝の優位が確定。義満は奉公衆という直轄軍を組織して有力守護を抑圧し、太政大臣となって朝廷も掌握し公武統一政権を樹立する。明徳三年（一三九二）には南北朝の合一をはたし、朝鮮・中国沿岸を荒らしまわっていた倭寇という海賊の取り締まりを条件に、中国・明や李氏朝鮮と国交を結び日明・日朝貿易を展開した。

しかし嘉吉元年（一四四一）、恐怖政治をしいた六代将軍・足利義教が暗殺されてから将軍権力の弱体化が始まる。十五世紀後半には京を舞台に応仁の乱が勃発。守護大名が東西に分かれ、十年以上にわたって戦ったが、将軍に鎮める力はなかった。

やがて争乱は地方に飛び火し、群雄割拠する戦国時代が始まる。戦国大名は領国の拡大をめざして争う一方、国内では商業・流通機構の統制、治水や鉱山開発などのインフラ整備、分国法という独自の法律の制定などを行い領国の発展に努めた。

同じころ、ヨーロッパは大航海時代に入り、ポルトガルやスペインが貿易ルートとキリスト教の布教先を求めてアジアまで進出した。日本の戦国大名もこれを積極的に迎え、九州の大友氏や大村氏、中国の大内氏などが活発にヨーロッパ人との貿易（南蛮貿易）を行うようになる。彼らは領国内でキリスト教の布教を認める見返りとして、ヨーロッパの最新技術や軍事物資を輸入して軍備の拡張を図った。

なかでも、天文十二年（一五四三）、ポルトガル人が種子島にもたらしたとされる鉄砲は、またたく間に国内に普及し、戦国乱世を大きく変える原動力となった。

フンドシ一丁の野蛮な倭寇

簑原　種子島にポルトガルの鉄砲が伝来した時、大陸にはもう鉄砲はあったのですか。

本郷　ありました。

簑原　でも、大陸の戦争は日本の戦国時代のように鉄砲でドンパチやるイメージはないですよね。

本郷　どこまで本当か知らないですけど、百年くらい前の十五世紀に、中国や朝鮮の人々が倭寇[1]の戦いぶりを見て、あいつらには絶対、鉄砲の技術を教えてはいけないといったという話があります。

簑原　産業革命の時のイギリスでも、水蒸気の技術がフランスなどの外国に流れないよう、二十年近く秘匿したという話がありますね。

ちなみに倭寇は、どんな戦い方をしていたのですか。ヒットエンドラン戦法ですか。バーッと船で急襲して略奪して去っていく、みたいな。

本郷　そうですね。『倭寇図巻』[2]というおもしろい史料があるんです。倭寇を撃退した中国の高官が、自分がいかに頑張ったのかを朝廷に伝えるために作らせたものなのですが、それを見ると倭寇はみんなフンドシ一丁なんですよ。

簑原　ジャック・スパロウ並みの野蛮人ですね（笑）。倭寇は多国籍軍なんですか。

本郷　前期倭寇は基本的に日本人で、後期倭寇は多国籍です。

簑原　前期倭寇は日本のどのあたりを拠点にしていたんでしょうか。

本郷　九州北部の長崎県の五島列島や佐賀県の松浦地方などです。

簑原　そのあたりは海賊だらけだったんですね。

本郷　北九州は鎌倉より朝鮮半島や中国の方が近い。彼らからすると、大陸の方が身近な存在でした。ただ、中国や朝鮮の人が倭寇を恐れたのは、彼らが特別に強かったからというわけではなく、相当に野蛮だったからだと思います。ワーッと押し寄せて、獲るものを獲って、ワーッと帰っていく。そんなフンドシ一丁の野蛮な連中に、鉄砲なんかもたせたらえらいことになるといって、鉄砲の流出を防ごうとしたらしいんです。

1　倭寇…十三〜十六世紀、朝鮮や中国の沿岸を襲った海賊集団。活動時期は二つに分かれており、室町時代初期までの前期倭寇は北九州や瀬戸内の漁民、土豪などであった。戦国時代に活発化した後期倭寇は南シナ海や南方地方まで活動を広げたが、構成員には中国人やポルトガル人が多く含まれていた。

2　倭寇図巻…十六世紀の後期倭寇を描写した風俗画。倭寇の上陸・放火や略奪、官兵の出撃などが描かれている。

簑原　倭寇は普段は漁師をしていたんですか。

本郷　漁業も含めて、海に生きる人たちでしょうね。ただし、船はジャンク船どころか、丸木舟みたいな船で海賊行為をしていたようです。

「日本国王」となった南朝の皇子

簑原　倭寇は朝鮮や中国に相当な被害をもたらしたわけですよね。日本人に鉄砲を渡すなと警戒されるくらい。

本郷　そうです。日本は足利義満[3]の時代の明徳三年（一三九二）に南北朝合一[4]が実現して、六十年続いた南北朝時代が終わります。

それと同じ年に、韓国では高麗が滅びて李氏朝鮮[5]が成立しました。たまたまかもしれませんが、李氏朝鮮を興した李成桂は、朝鮮半島の沿岸部を荒らしまわっていた倭寇を撃退して名をあげたんです。いってみれば、倭寇の存在が東アジアの歴史を変えているわけですね。

それ以前の一三六八年に、中国では明朝[6]が成立しましたが、即位した朱元璋が最初に日本に要求したのも倭寇の取り締まりでした。

簑原　どうにかしろと。

本郷　明の使者が九州に着いた時、大宰府を拠点として九州をおさえていたのは、南朝の征西将軍宮《せいせいしょうぐんのみや》・懐良《かねよし》親王[7]でした。懐良は明の使者に対して、私が日本の王であるといって、明から冊封を受けて日本国王の称号をもらってしまいます。

当時、京では足利義満のもとで室町幕府が支配を固めつつありました。懐良が冊封を受けたと知って、義満も明との通交を意識し始めるのですが、そのためには、まず南北朝の

3　足利義満…室町幕府三代将軍。武家・朝廷に君臨し室町幕府の全盛期を創出。出家後も金閣を含む北山第を政庁として実権を握り、明から日本国王の称号を得て日明貿易を推進した。

4　南北朝合一…足利義満の主導により、南朝の後亀山天皇から北朝の後小松天皇に、皇位の象徴である三種の神器を渡す形で行われた。

5　李氏朝鮮…李成桂により開かれ約五百年続いた朝鮮最後の王朝。十六世紀末、豊臣秀吉の侵略を受け、十七世紀半ばに清の属国となり、一九一〇年、日本の韓国併合により滅亡した。

6　明朝…朱元璋が元を北方に追って建国した最後の漢民族の王朝。一時はアフリカ東岸まで影響力をおよぼしたが、宦官の台頭により政治は腐敗し、十七世紀半ば、李自成率いる農民の反乱により滅びた。

7　懐良親王…後醍醐天皇の皇子。征西大将軍として九州に下り、肥後の菊池氏の支援を受けて大宰府を掌握。約十年にわたって九州を南朝勢力の支配下においた。

分裂を解決しなければならない。そこで、義満は足利一門の今川了俊[8]を九州に派遣します。了俊はみごとに戦果をあげて、南朝勢力を九州から駆逐しました。これによって南北朝合一の下地ができました。

南朝はすでに力を失っており、そのまま自然消滅するのを待ってもよさそうなものですが、それでも義満が合一を急いだ背景には懐良の存在があったのかもしれません。

簑原　なるほど。

本郷　さらに、義満は了俊に命じて倭寇の取り締まりをやらせました。その功績が認められ、義満は明から日本国王の称号をもらい、日明貿易[9]を開始するのです。前期倭寇が終焉を迎えるのが、まさにこのころです。

簑原　しっかり取り締まったので冊封してくださいというわけですね。室町幕府は倭寇について、どのように認識していたのですか。初めから何とかしないといけないと思っていたのでしょうか。

本郷　知ったこっちゃない、ですよ。

簑原　どうでもよかったんですか。

本郷　はい。室町幕府にはポリシーがあって、遠い国のことは将軍の意のままにならなくても放っておくのが基本方針なんです。ただ、当時の支配層は舶来品が大好きでしたから、国内屈指の貿易港である博多はおさえておきたい。そこで、貿易に熱心な周防・山口の大内氏に博多の支配を任せました。日本人は昔からブランドに目がないんですね。

鉄砲伝来にかかわった王直は倭寇だった

本郷　実は倭寇の存在は、鉄砲の伝来にもかかわっているんです。簑原先生は王直という人物はご存じでしょうか。

簑原　名前は聞いたことがあります。中国の海賊ですよね。

本郷　後期倭寇の大ボスなんですけど、自分では海賊だと思っていないんですね。商人だといっていて、日本や中国を行ったり来たりして、たまに豊後の大友氏のところに顔を出したり、いろいろなことをやっている。

8　今川了俊…俗名は貞世。九州探題として南朝勢力の掃討に成功したが、義満に警戒され解任された。文人としても知られ、『難太平記』『道ゆきぶり』などの著作を残した。

9　日明貿易…明に冊封された日本国王（足利義満）が明皇帝に朝貢し、返礼品を受け取る形で行われた。勘合という証票の持参が義務づけられたため勘合貿易とも呼ばれる。

最終的には、当時、明朝が支配していた中国から帰ってこいといわれました。まわりの人間は「中国に帰ると殺されるぞ」とアドバイスしたのですが、「いや俺は商人だから」といって帰って、結局処刑されてしまうんです。

簑原　気の毒ですね。

本郷　そういう意味では、後期倭寇の性格をみごとに表していると思いますね。明は海禁政策に力を入れていました。鎖国みたいなものですが、東アジア貿易ではその政策を前提として商品が動くので、海賊なのか商人なのか区別できない人も多い。それが後期倭寇の一つの姿なんです。

なぜこの話をしたかというと、近年、鉄砲伝来に王直が関係しているのではないかという話が出てきたんです。定説では日本に鉄砲をもたらしたのはポルトガルの船ということになっていますが、実は王直が深く関与していたのではないかと。

簑原　そうなんですか。

本郷　鉄砲というのは、当然、人を殺傷する武器ですが、それがむしろ戦国時代を終わらせる要因になったのではないかという気がしているんです。

戦国時代の軍隊は、多数の農民が兵隊として戦場に連れていかれました。しかし、農民だから相手を殺してやる、ぶっ潰すぞという意欲は、それほど強くない。だから、大きな戦いで人がたくさん死ぬのは、おおむね撤退戦になります。五分と五分でぶつかる時、人はなかなか死なないものなんですね。しかし、均衡が崩れて一方が逃げ出し、一方が追いかける状況になった時、人がたくさん死ぬことになる。だから、通常の戦闘ではそれほど本気で戦っていないのだろうと思います。

簑原　正面からぶつかり合う時にあまり人が死なないというのは、日本に限ったことなのですか。ローマ時代の戦争は結構凄惨ですよ。

本郷　たとえば、三国志[11]の時代の戦いは、豪傑が一騎駆けするじゃないですか。現代の感覚で考えると、関羽[12]が青竜刀を振り回して一人で突撃していくなんて無謀にしか見えませんよね。それでも向かっていくのは、大将が率先して敵に向かうことで味方の士気を高めるためです。死にたくない人たちをどうやって戦わせるかということは、戦争における指揮官の永遠のテーマだと思います。

10 海禁政策…倭寇の防御、外国との紛争回避のため、中国人の海外渡航と民間貿易を禁じた明・清朝の政策。
11 三国志…後漢の滅亡から、魏・呉・蜀の三国時代をへて西晋が成立するまでの約一世紀の歴史を描いた史書。

簑原　おっしゃるとおりですね。

本郷　味方がみんな職業軍人であれば渋々でも戦うのでしょうが、日本の戦国時代の場合、農民を連れていかなくてはいけないわけですから、彼らをどうやって戦わせるか。

どうして日本には傭兵がいないのか？

簑原　ヨーロッパと違って、日本には傭兵という考え方がないですよね。

本郷　ないですね。

簑原　ヨーロッパの兵隊はほとんどが傭兵です。傭兵に必要なのはお金と食糧ですから、ヨーロッパでは兵站がとても大事になります。一方、日本はいまだにロジ[13]や兵站軽視ですよ。

本郷　そうなんですか。

簑原　私が日ごろから大変お世話になっている友人がロジ出身の幹部として初めて海上幕僚長[14]になった時、結構ニュースになりました。こうした実態について彼曰く、後方から弾と食糧をもっていかないと長く戦えないのに、そういう発想が日本にはあまり根づいていないと。因みに、第二次世界大戦中の米軍の将官を見ますと、ロジ出身者が多いんですよね。このあたりにも軍事思想の違いがあるのかと。

本郷　日本人は相も変わらず補給の概念にうといんですね。

簑原　日本人は少々お金や食べ物がなくても我慢して戦いますよね。日本の戦国時代のように、主君に対する忠義のために頑張るというのはヨーロッパではあまりないと思います。

本郷　何で日本には傭兵が生まれなかったんでしょうね。

簑原　不思議ですよね。土地が狭いからでしょうか。人を集めようにも範囲が限られているというのもあるかもしれませんね。ヨーロッパだと陸続きなので、どこからでも連れてくることができます。本郷先生が対談の最初におっしゃっている島国というのが、ここでも影響しているのかなと思いました。

本郷　それもあるのかもしれません。傭兵の報酬は、結局お金なんですよね。

簑原　ベースはお金ですね。あとは、戦いに必要な武器、弾、そして食糧を与えないとい

12　関羽…張飛とともに劉備に仕え、赤壁の戦いなどで活躍し蜀の建国に貢献した。義を重んじる豪傑で、後世、軍神として関帝廟に祀られた。
13　ロジ…ロジスティクスの略。物資の補給や整備、衛生管理など後方支援を担う部署。
14　海上幕僚長…海上自衛官の最高位の役職。

けません。食糧がなくなると、すぐに逃げ出すんですよ。

本郷　日本の場合、戦ったご褒美は金銀ではないんです。

簑原　土地ですよね。

本郷　そうです。だから土地に根ざしている人間じゃないと戦わない。傭兵が存在しないのはそのためかもしれません。

簑原　傭兵は確かに金銭的報酬がめあてですけど、ヨーロッパの貴族や地方を治めている領主は、当然領地を重視します。

本郷　そうですよね。

簑原　だからこそ、新大陸のアメリカの存在がイギリスにとって大事になるんです。イギリスが積極的にアメリカ大陸に進出したのは、もうヨーロッパで褒美に提供できる土地がなくなったからという理由もあります。実際、イギリスの地方貴族はアメリカでたくさん土地をもらいました。あと（第五章）で触れる豊臣秀吉の朝鮮出兵にも、そういう側面があったのではないでしょうか。

本郷　昔からそういう説はありますね。家来に分け与える領地がなくなったので海外に求めたと。私は少し懐疑的ですが、そういう側面もあったかもしれません。

鉄砲が人殺しに対する抵抗感をやわらげた

本郷　鉄砲伝来の意義を考えるうえで、中世の合戦のあり方をおさえておく必要があります。第三章でみたとおり、鎌倉時代まで武士の戦いは一騎打ちが中心でした。特に馬に乗って弓を射る技術がとても重要でした。

簑原　当時の日本には馬がたくさんいたのですか。

本郷　結構いました。

簑原　在来種の馬ですか。

本郷　そうです。長野県の木曽地方では、今でも日本固有の木曽馬を守り育てています。在来馬は、しばしばポニーと比べられますが、木曽馬を見ると、それほど小さくはないですね。もちろんサラブレッドとは比べものになりませんが、日本人の体格と比べると結構大きいんです。

簑原　日本の軍隊には、原点から騎兵という概念があったということですね。

本郷　そうです。組織的な集団戦が行われるようになるのは南北朝時代からですが、先ほどいったように、基本的に農民は戦いたくない。そこで重視されたのが槍です。モンゴルとの戦いで日本の武士が集団戦を知り、それに見合う武器として槍が登場したのかもしれません。しかも、槍は遠くから叩いたり突いたりするだけなので恐怖心がやわらぎますから、一般の農民でも抵抗感が少ない。

簑原　殺傷力も高いですよね。

本郷　よほど気力がないと、刀で相手を斬り殺すのは難しいですから。

簑原　白兵戦には技術と勇気が必要ですし。

本郷　戦国時代の毛利氏の文書に「首取り注文」というのがあるんです。戦国時代の合戦では、誰がいくつ首を取ったのかが重要ですが、たいていみんな一つなんです。二つ取る人はほとんどいません。

簑原　へえ。

本郷　だから、ドラマのようにバッタバッタと敵をなぎ倒すというのはリアルじゃないんです。

簑原　弓はどうなんですか。

本郷　弓は扱いが難しいんです。

簑原　ヨーロッパの戦い方の基本は、まず弓ですね。特に百年戦争で用いられたイギリスのロングボウは有名で、矢の飛距離が長いうえに一分間に多くの矢を射ることができるから相当な威力を発揮します。それよりも歴史の長い中国伝来のクロスボウは、命中度は高いものの、いかんせん一回の発射に時間がかかりすぎるという欠点があります。因みに射手というのは嫌われて、捕虜になるとよく弓を二度と引けなくなるように利き腕の指の腱を切られていたと聞きます。練度が必要な兵器だから、こうして将来における被害を阻止しようとしたんですね。

本郷　日本の弓も扱いがとても難しくて、農民に敵を殺傷するだけの技術を習得させるのは現実的ではありません。農民を弓兵にするのは無理なので、結局は槍をもたせることになる。大勢の農民兵に槍をもたせて横一列に並ばせ、突き刺したり相手を上から叩いたりして使いました。

そういう戦いをしているうちに、大量破壊兵器である鉄砲がやってきたわけです。鉄砲は引き金さえ引けば相手を殺せますから、殺傷能力は槍とはケタ違いに強力だったと思います。しかも、やる気のない人でも、抵抗感をもつことなく相手を殺すことができるので、かなり大きな変化を戦場にもたらしたのではないでしょうか。

貿易を制する者が軍事を制する

簑原　国内産の鉄砲は、独自の改造をほどこすことで、ヨーロッパ製より殺傷能力が高かったと聞いたことがあります。

本郷　そうなんですか。

簑原　ええ。当時のヨーロッパの鉄砲は、そこまで殺傷能力は高くなかったようです。新しいモノを生み出すより、外国から輸入したものを改良して性能を高める日本のモノづくりのあり方を反映しているのかなと思いますね。

本郷　戦国時代の日本は火縄銃の数が世界一だったから、日本の軍隊は相当強かったという意見もあります。

簑原　私も戦国時代の日本は、おそらく世界でもっとも強かったと思います。本気で海外に打って出れば、かなりの戦果を挙げられたと思いますよ。

本郷　かなり頑張っていたと。

簑原　関ケ原の戦いで使われてた鉄砲数を超える一戦は、十九世紀アメリカの南北戦争中の戦いまでなかったと聞いたことがあります。

本郷　それはすごいですね。火縄銃は戊辰戦争でも使われるじゃないですか。新政府軍が使用した最新鋭の元込め式銃は発射速度や命中精度が高かったのですが、火力や殺傷能力だけを比べると戦国時代のシンプルな火縄銃も、それほど劣っていなかったらしいですね。

簑原　確か戦国時代の鉄砲の値段は相当高かったんですよね。

本郷　高かったのは最初だけです。

簑原　大量生産で安くなったのですか。

本郷　そうです。日本の刀鍛冶は優秀なので、鉄砲を改良してより良いものを作ることは難しくなかった。問題は火薬の原料になる硝石ですね。火薬を作るためには硫黄と木炭と硝石が必要で、硫黄と木炭は日本にありますが硝石はない。それを手に入れるには海外と貿易するしかないわけです。だから当然、貿易をやっている戦国大名の軍隊は強くなる。豊後の大友宗麟がよい例だと思いますよ。宗麟って、戦国大名としてどこが優れているのか全然わからない。

簑原　へえ。

本郷　宗麟が目新しい政策を打ち出したという話は聞いたことがありません。でも、九州のうち六か国まで制覇している。なぜ、そんなことができたのかと考えたんです。日本列島の玄関口は博多ですが、南蛮貿易に関しては大友氏の居城があった豊後府内も負けていませんでした。豊後にはヨーロッパから頻繁に船が訪れて、活発に貿易を行っていたんです。

簑原　なるほど。しかも、宗麟はキリスト教を受け入れていたから、ヨーロッパの最新技術も入手しやすかったでしょうね。

本郷　ヨーロッパ人が当時の日本列島の地図を作っているのですが、日本が三つに分かれていて、そのうちの一つが豊後なんです。

簑原　確かにヨーロッパの古い地図には、必ずブンゴ（Bungo）の表記はありますよね。あと、ハリマ（播磨）やセッツ（摂津）も出てきますが、ブンゴは省略されずに必ず記されています。

本郷　大友氏が強かったのは、貿易で最新の武器を手に入れたからじゃないかと僕は思っています。

簑原　貿易力が軍事力を高めることにつながったと。やはり経済力が要なんですね。

本郷　だから、武田信玄[16]には鉄砲隊を作ることができなかったんです。今川氏を破って駿河に進出するまで、海と接する領地をもっていませんでしたから。領地に貿易港がないと海外の武器は手に入りません。戦国最強の武田騎馬軍団などといわれてきましたが、実際には鉄砲隊が作れないので、しかたなく騎馬軍団をやっていたわけです。そういう意味では、武田氏はどう逆立ちしても織田信長にはかなわなかったでしょうね。

簑原 戦場での鉄砲の使用は、パラダイムシフトを確実にもたらしたことがよくわかりますね。

本郷 僕はそう思います。

簑原 やはり技術を制するものが、次の時代を制するというのは、いつの世にもいえることだと思います。だから、高性能半導体やＡＩをめぐる目下の米中の争いは熾烈さを極めているんですね。この勝者が確実に次の時代を牽引していくことになるのでしょうね。

15 大友宗麟…諱は義鎮。豊後・筑前・肥前など六か国の守護を務めたが、天正六年（一五七八）の耳川の戦いで島津氏に大敗してから国力は衰えた。キリスト教を保護して居城のある府内で南蛮貿易を展開。有馬・大村氏とともにローマに天正遣欧使節を派遣した。

16 武田信玄…甲斐国の戦国武将。戦国大名屈指の軍略により、全盛期には信濃・上野・遠江・駿河・三河・美濃・飛騨まで版図を拡大。分国法の制定や治水事業など領国統治にも手腕を発揮した。

鉄砲の伝来が戦国の世を終わらせた？

本郷　鉄砲の伝来があってようやく、もう戦国時代をやめようよという話になったのだろうと、僕は思うんです。

簑原　でも、すぐには終わらなかったですね。

本郷　信長をはじめ多くの大名が鉄砲を導入して、各地で合戦を続けていくうちに、大量の鉄砲を集中的に使うと、相当威力を発揮することがわかってきました。鉄砲をたくさんもっている方が強いということに気づいたんです。

簑原　最初にそれに気づいたのは、やはり信長なんですか。

本郷　たぶんそうでしょうね。有名な長篠の戦い[17]は、三千丁の鉄砲を三段撃ちして武田騎馬軍団を破ったといわれてきました。ただし、最近、三段撃ちはウソだろうということがわかってきて、織田軍が使った鉄砲の数も千丁かもしれないという話になっています。

鉄砲一丁あたりの値段は今の十万円程度でしょうか。わりと安く作れたという意味で、やはり日本の鍛冶技術はかなり優秀だったのでしょうね。そうだとすれば、三千丁という数もコスト的に不可能ではなかったと思います。

その一方、武田氏のような騎兵中心の戦闘法も残っていましたから、その連中を鉄砲隊で迎え撃てば当然勝てるわけです。

簑原　まったく歯が立たないでしょうね。

本郷　壊滅的な打撃を与えることになります。その結果、鉄砲をたくさんもっている人が勝つことになり、鉄砲の威力を十分に活用した信長、豊臣秀吉が統一政権を生み出すということになったのだと思います。

そうした戦場の実態があったからこそ、戦国大名の火力が当時、世界一だったという言説も生まれてくるわけです。それが僕の考える鉄砲伝来です。

17　長篠の戦い…天正三年（一五七五）、織田信長・徳川家康の連合軍と武田勝頼（信玄の子）が設楽ヶ原で激突した合戦。この戦いでは、信長が三千丁の鉄砲を三段に分けて発射することで発射頻度を高めたのが勝因といわれていたが、現在は否定されている。武田軍は大敗を喫して多くの武将を失い、武田家は急速に力を失っていった。

第五章

朝鮮出兵

——なぜ秀吉は大陸をめざしたのか——

時代を読む

豊臣政権を弱体化させた朝鮮出兵

百年におよぶ戦国の世を収束に導いたのは織田信長だった。桶狭間の戦いで今川義元を破って名をあげ、尾張・美濃を統一した信長は、永禄十一年（一五六八）、上洛して足利義昭を将軍に就任させ、幕府の権威を利用して京の実権を握る。天正元年（一五七三）には敵対した義昭を追放して幕府を滅ぼし、越前の朝倉義景、近江の浅井長政、伊勢長島や越前の一向一揆、大坂本願寺など敵対勢力を次々と破った。

武力による天下統一（天下布武）をめざした信長は、宗教的権威をたてに敵対する延暦寺や一向一揆などの仏教勢力を徹底的に弾圧する一方、キリスト教には寛容で、宣教師を保護して積極的に西洋の知識を吸収した。さらに天下統一後は、大艦隊を編成して中国を征服する構想をもっていたともいわれる。同十年三月には甲斐の武田氏を滅ぼし、版図は畿内・東海・北陸・中国地方まで拡大。天下統一は時間の問題かと思われたが、その三か月後、明智光秀の裏切りにあい自害した（本能寺の変）。

信長の路線を継承したのが重臣の豊臣秀吉である。賤ヶ岳の戦いで筆頭家老の柴田勝家を滅ぼして後継者の地位を固め、大坂城を築城し天下統一の拠点とした。さらに、むりやり関白に就任して天皇から全国の支配権を任されたと主張。東海の徳川家康や中国の毛利輝元を臣従させ、反抗した島津氏を降して九州を平定。同十八年、小田原の北条氏を滅ぼし、伊達政宗ら奥羽の諸大名も服属させて天下統一を果たした。

一方、東アジアへの進出を企図した秀吉は、同十五年、対馬の宗氏を通じて朝鮮に日本への入貢と明出兵の先導を求めたのをはじめ、琉球王国やスペイン領マニラに使者を送って臣従を求めた。しかし、朝鮮が入貢を拒んだため、文禄元年（一五九二）、秀吉は朝鮮に大軍を派遣した。日本軍はまたたく間に漢城（ソウル）を攻略し平壌や会寧まで軍を進めたが、李舜臣率いる朝鮮水軍や明の援軍に押し返され戦局は膠着。現地の武将たちの判断により休戦し、秀吉に明との講和を求めた（文禄の役）。

しかし、明が秀吉を日本国王に封じることを講和の条件としたため交渉は決裂。慶長二年（一五九七）、ふたたび戦端が開かれ、日本軍は蔚山《ウルサン》や泗川《しせん》など各地に城郭を築いて拠点づくりに努めたが、厳しい籠城戦を強いられるなど苦戦が続いた（慶長の役）。

その翌年、秀吉が病死し日本軍は撤退する。膨大な戦費や兵力が無駄になったばかりか、作戦をめぐって武将間の対立が深まり豊臣政権の弱体化を招く結果となった。

謎に包まれている朝鮮出兵の理由

本郷　朝鮮出兵についてては、正直いまだにわからないんです。朝鮮出兵で活躍した加藤清正[1]は、わりと人気が高い武将で、NHK大河ドラマの主人公にぴったりじゃないかという声もありますが、たぶん無理だと思います。なぜかというと、大人の事情としてNHKは絶対に朝鮮出兵に触れられないから、そこで大活躍した武将は主人公にしづらいわけです。

簑原　私は韓国の蔚山に親友がいるので、よく同地に赴くのですが、慶長の役の蔚山城の戦い[2]で朝鮮軍に完全に囲まれた時、日本軍がこぞって救援に行きましたよね。城内に水がなくなって苦しんだトラウマから、清正が熊本城を築く時に井戸を多く掘ったという話を聞いたことがあります。

本郷　蔚山の籠城戦では壁の土まで食べたそうですよ。本当に清正にとってはトラウマになったでしょうね。それよりも、朝鮮出兵について問題にしたいのは、秀吉の目的がはっきりしないということです。

簑原　文禄の役と慶長の役はまったく性質が違っていると読んだことがあります。文禄の役は明の征服のため、慶長の役は朝鮮半島の支配が目的だったと。さらに、文禄・慶長の役で日本を撃退したことが、近代韓国の一つの出発点になったともいわれていますよね。私はソウル大で客員教授をしていた際に韓国に数か月住んだことがあるのですが、歴史博物館に足を運ぶと必ず朝鮮出兵のジオラマがあって大きく取り扱われています。

本郷 ただその一方で、日本人に徹底的に破壊されたので、歴史が停滞して何十年も発展が遅れたともいわれていますよね。そのため朝鮮出兵については、日本の侵略行為をタブー視する意識もあって、誰も真面目に考えなかったような気がします。だから、出兵の理由も諸説あるのですが、文禄の役は簑原先生がおっしゃったように明の征服が目的だったと思います。

簑原 信長の夢を果たしたいという思いがあったのですよね。

本郷 そうです。文禄の役の時は、朝鮮半島を明への通り道くらいに考えていた。本気で征服しようと思っていなかったにもかかわらず、手ひどい抵抗を受けてしまった。

---

1 加藤清正…幼少から秀吉に仕えて賤ヶ岳の戦いや朝鮮出兵で活躍した。文禄の役では現在の北朝鮮まで攻め込んで二王子を捕虜にした。関ケ原の戦いでは徳川家康に味方して熊本藩初代藩主となった。

2 蔚山城の戦い…慶長の役で清正や浅野幸長が蔚山城で明・朝鮮軍を迎え撃った戦い。清正たちは寒さと飢えに苦しみながら、鍋島直茂や黒田長政らの来援で窮地を脱した。

簑原　秀吉が朝鮮に無害通航権[3]を要求したんですよね。

本郷　そうです。標的はあくまで明だったのですが、問題は何のために攻めたのかという話です。信長の夢だったとしたら、信長がいったい何をめざしたのかも考えなければなりません。

信長にとっての「天下」とは

簑原　信長はとてつもなくスケールの大きい人ですよね。良くも悪くも、なかなか日本史に登場しない器の人間だと思います。やっぱり信長は、最後には朝廷をつぶすつもりだったのでしょうか。

本郷　それについては誰も賛成してくれないのですが、僕はつぶすつもりだったと思います。

簑原　私はかねてからそう思っていました。信長の視野は決して狭い国内にとどまるものではなく、世界をしっかり俯瞰していると。地球儀を俯瞰できるビジョンをもっているからです。世界史では日本の天皇と将軍のような同国内での権力の分散はありえません。ヨーロッパの諸国王とバチカンの法王の関係にたとえる人もいますが、同一国内ではありませんのでやや性質は異なるかと。そこで、信長は中国やローマ帝国の皇帝のような絶対的な国王になり、権力を掌握したかったのかもしれませんね。

本郷 京都大学名誉教授の朝尾直弘氏（故人）は、信長は神になろうとしたといわれました。

簑原 へえ。

本郷 当時、ルイス・フロイス[4]という宣教師が本国に送ったレポートに書いているのですが、信長が安土城[5]内に建てた摠見寺という寺院は、「すべてを見ている」という意味だそうです。そこに石をもってきて、これを俺だと思って拝めと配下の大名に要求しました。

簑原 やっぱり普通の日本人の域をはるかに超えてますね（笑）。

本郷 宣教師のレポートに書かれた内容は客観的で、僕は事実と認めてよいと思っています。

---

3 無害通航権…船舶がその国の安全や秩序を害さないことを条件に自由に航行できる権利。

4 ルイス・フロイス…ポルトガルのイエズス会宣教師。信長とは二十回以上も会見して西欧の情報や文物を提供しており、本国に送った報告書や著書『日本史』は信長研究の一級史料とされている。

5 安土城…信長が琵琶湖東岸に築いた城。高い石垣と五層七階の壮麗な天守をもった初めての近世城郭だったが、本能寺の変の直後に焼失した。

篁原　バイアスがかかっていない分、信憑性の高い資料になるんですね。

本郷　そこに朝尾先生が注目されたわけです。信長は神になろうとしていると。要するに信長は、自分が天皇を超える存在だといいたいのだろうと解釈されたのでしょう。しかし、その教えを受けた京大出身の研究者は、みんな朝尾先生の論文を無視しているんです。

篁原　それはなぜでしょうか。

本郷　やはり京都の人は天皇が好きだから。天皇を否定することはあまりいいたくないんですね。現状は京大研究者の意見が強くて、信長は将軍になろうとしていたという説が有力視されています。しかし、安土城を築いたころの信長が、いまさら将軍になりたいと考えたとは、僕には思えない。信長のねらいは、やはり天皇をつぶすことにあったと思います。実は信長は相当な知識人で、中国の歴史をよく知っているんです。さらに宣教師からヨーロッパの歴史も聞いていました。

篁原　信長はヨーロッパからの情報もしっかりおさえていますよね。

本郷　天皇は万世一系ですが、外国では皇帝や王さまがどんどんつぶされていることも知っている。ヨーロッパ人は合理的なので、必要がないと思えば権威があるものでも捨ててしまいます。おそらく信長も、ヨーロッパ的な思考をしたと思うんです。天皇はもういらないと考えたのではないかと思っているのですが、誰も賛成してくれません。
簑原　私から見るに、信長は日本で最初のマキャベリアン[6]だったのではないでしょうか。
本郷　僕もそう思います。
簑原　でもなんで、そういう人が出てきたかということを考えるのが大事ですよね。
本郷　逆なのかもしれませんよ。そういう人だからこそ、日本を一つにしようと考えた。だって、あの時代、誰も日本を統一しようなんて思っていませんでしたから。
簑原　その発想がすごいですよね。先生も書かれていましたよね。「天下布武[7]」の天下というのは京都周辺をさすのではなく日本全国のことだと。
本郷　そう。今の歴史研究者って、変なことを考えるとエライっていわれるんですよ。ちょっとひねるというか。だから、天下は京都周辺をさしているだけだなんて説が出てくる。でも、どう考えたって天下布武といえば全国を統一するという意味ですよね。でも、変わ

6　マキャベリ…十六世紀初頭に活躍したイタリア・フィレンツェの政治家・思想家。主著『君主論』で政治目的のためには反道徳的な手段も許されると説き、ここから権謀術数主義をさすマキャベリズムという言葉が生まれた。
7　天下布武…信長が美濃平定後の永禄十年（一五六七）から印判に用いた語。一般に天下統一の決意を表したものといわれるが、近年は「天下」を畿内と解釈し幕府再興の目的を記したものとする説も提起されている。

った説を出すとみんな感心するんですよ。鎖国はなかったとか。

天下布武が京都のまわりだというのなら、逆にどうして信長は天下統一の目前までいけたのかと僕は思いますが、それに対する答えはないんです。

簑原　その説だと、信長がなんかすごく小さな人にしか見えませんよね。

本郷　天下が京都周辺だというのなら、何で最初に朝倉攻め[8]をしたのかという話ですよ。畿内を出て北陸の越前に攻め込もうとしていたのですから。

簑原　辻褄が合いません。

本郷　その信長が、中国に対してどういう向き合い方をしていたのかというのは永遠のテーマですよね。

簑原　やはり中国は絶対に超えなければいけない存在だったのではないですか。実は信長にとっての「天下」というのは、日本にとどまるものではなかったのかもしれません。

本郷　東アジア全体を見据えていたと。

簑原　私は中国じゃないかと思います。中国を制する者が世界を制するという考え方は、おそらく当時のアジア人共通の観念だったと思うので。だから、中国を支配下におくことが天下布武だったという解釈はなりたちませんか。

本郷　そこまでやるつもりだったのかはわかりませんが、確かに秀吉はそういう発想で朝鮮出兵を行っていますよね。天皇を北京に連れていくという構想をぶちあげたり。

簑原　でも、信長に比べると秀吉のスケールはだいぶ小さくなりますよね。信長は朝廷をどうするかという話を超えて、すでに海の向こうを見ていたのかもしれません。信長は中国を征服して初めて天下布武が達成できると考えていたのであったら、本当にすごい人ですね。

信長と家康の人材活用の違いとは

簑原　信長は自分のナンバー2は秀吉だと考えていたのですか。

本郷　そこも、意見が割れるところです。信長には嫡男の信忠のほか、信雄《のぶかつ》・信孝など息子が何人かいましたから。

簑原　彼らはみな、優秀だったんですか。

8　朝倉攻め…元亀元年（一五七〇）、信長は上洛命令に応じなかった朝倉義景を追討するために越前に出兵。敦賀の金ヶ崎に進んだところで浅井長政の裏切りにあい撤退した。

本郷　いや、そうでもないですよ。ただ、宣教師がいうには三男の信孝が一番、信長に似ているといっています。晩年の信長は、自分の息子にたくさん領地を与えて優遇していました。

簑原　次の時代のことを考えていたということですね。

本郷　そう、ずっと考えていたんです。中国では皇帝の子どもは各地の王さまになるじゃないですか。たとえば、漢王朝では皇帝の一族である劉氏が、中国全土に王として配されていました。そのトップが皇帝になるのと同じ発想だったのかもしれません。主要な国はすべて織田一族が支配するという。

簑原　わかりやすいですね。

本郷　本能寺の変の直前、信孝が四国に出兵していますが、それも信孝に四国を与えるという前提だったのかもしれません。次男の信雄は伊勢に基盤をもっていました。それをみた明智光秀は、自分たちはもう用済みなのかと考えた可能性もあります。

簑原　信長は官僚制度をどのように考えていたのですか。

本郷　どういうことですか。

簑原　徳川家康のすごさは、権力は自分の長子に継承させるけれど、その人が必ずしも優秀とは限らない。そこで有能な官僚たちがバックアップする体制を考えたところだと思うんです。

本郷 そういう意味では、信長の政権にも官僚はいましたね。若い世代の重臣を積極的に育てて、後継者である信忠を補佐させていました。村井貞勝[10]という人が一番有名ですが、合戦には加わらずに京をおさえて町奉行のような仕事をしています。

簑原 官僚的ですね。

本郷 信長は能吏を非常に重用しました。

簑原 そのなかで、秀吉はどういう位置づけだったのですか。

本郷 秀吉は非常に使い勝手がよいですよね。永禄十一年(一五六八)に信長が上洛した時、秀吉は光秀とともに四人の京都奉行の一人に選ばれています。二人とも、野戦の司令官として有能だっただけでなく行政手腕も認められていたのです。その意味で、信長はま

9 漢…前二〇二年に劉邦によって建国された。八年に皇帝の外戚の王莽に滅ぼされるが、二五年に劉秀が再興。それぞれを前漢と後漢、合わせて漢王朝と呼ぶ。中国文化の土台が完成した時代として、今も漢民族に崇敬されている。

10 村井貞勝…信長の上洛後、京都所司代として京都の行政や御所の修築、朝廷・寺社との連絡役などをつとめたが、本能寺の変の際、織田信忠とともに二条城で討ち死にした。

だ軍事と行政を明確に分けてはいなかったといえます。

簑原 興味深い考察ですね。

本郷 家康の時代になると軍事と行政がはっきり分かれます。本多正信[11]という人は家康の側近として重用されましたが、軍事的な才腕については、家康はまったく評価していませんでした。もっぱら行政面だけ。

簑原 おっしゃるとおり家康はファイター（戦う人）とシンカー（考える人）を明確に分けていましたね。

本郷 信長は、そこまで分けませんでしたが、身分を問わず才能ある人材をどんどん抜擢しました。そこがすごいところですよね。僕は『三国志』の曹操[12]に近いと思います。

なぜ家康は朝鮮出兵に参加しなかった？

本郷 秀吉が文禄・慶長の役を起こした理由として、家臣に分け与える土地が国内にないから、新しい領地を獲得しようとしたという説がありますよね。

一方、東北大学名誉教授の平川新氏は、秀吉のねらいは経済にあったといっています。東アジアの覇権を握るためには経済をおさえなければいけない。ヨーロッパ列強が東アジアに進出しつつあるなかで、東シナ海の交易権を掌握するために中国と取引したいというねらいがあった。そのため秀吉は、明を武力で圧倒することによってその影響力を排除し、東アジア貿易を有利に展開しようとしたというんです。経済や流通を支配するために大陸に行くのであって、領地の分配はそれほど重要ではなかったのではないかと。

簑原　それは十分に納得できる説ですね。イギリスやスペインの場合、まず貿易などを通じて経済的ドミナンス（優越性）を手に入れ、次いで技術的ドミナンスを手に入れました。そもそも経済力があってこそ技術革新に投資できる余力が生まれるわけですから。つまり、地政学上の「覇権」は、すべて富を出発点していると思うんです。だから、平川先生の考え方はストンと腑に落ちますね。

本郷　つまり秀吉は、初めから明しか見ていなかったというわけですね。では、秀吉がどのように明を見ていたのかというと「長袖の国」といういい方をしています。官僚の国と

11　本多正信…家康の幼少期から仕えた譜代の重臣。晩年は二代将軍・徳川秀忠の宿老として幕政を支えた。
12　曹操…中国・三国時代の政治家。後漢の献帝を傀儡として中国北部を支配し、呉の孫権、蜀の劉備と天下を三分して魏王朝の基盤を築いた。

いうことです。文官が支配する弱い国だから、日本の荒くれ武者が攻めていけばすぐに勝てる、降伏させられるだろうということをいっていました。

ところが、秀吉は知らなかったと思いますが、当時、明には北方から騎馬民族の女真族が迫っていたんです。その女真族の中からヌルハチが出て、十七世紀初めに清朝[13]を建国することになるわけですが、明の軍隊は四六時中、女真族と戦っているから強いんですよ。秀吉はそこを見落としていた。だから、文禄の役で加藤清正と小西行長[14]がはじめ、すごい勢いで朝鮮半島を北上しましたが、明の軍勢や朝鮮の義勇兵の反撃にあい、さらに李舜臣[15]という朝鮮水軍の英雄が現れて、結局、講和にもち込まれてしまうのです。

簑原　この戦いでは、徳川家康をはじめ東国の大名は渡海していませんね。

本郷　はい。

簑原　使いたくても、いうことをきかなかったということでしょうか。もし、この戦いに東国大名が加わっていたら、半島くらいはすぐに支配できたのではないかと思うんですが。

本郷　それも含めて、本当に秀吉のねらいがわからないんです。そもそも朝鮮をつぶすより、先に家康つぶしたほうがいいですよね。

簑原　家康をつぶすために朝鮮出兵を利用すればよかったと、私は思います。朝鮮に渡らせて消耗させればよかったんじゃないかと。

本郷 それはすごく合理的ですね。何で秀吉はそれをしなかったのか。

簑原 実のところ秀吉は、面従腹背に徹している家康にビビっていたのではないでしょうか。

本郷 それはおもしろいですね。あれだけ、人間観察能力の高い秀吉が、一人息子の秀頼を残して死んでいく時、「家康にやられるな」と思わない方がおかしいですよね。そのためには家康をつぶしておくべきだったと思いますが、やりたくてもできなかったのかもしれませんね。

簑原 秀吉は失敗した際のリスクを考えて怖かったのではないのでしょうか。つまり自信がなかったのでは。

---

13 清朝…一六一六年、明に代わって建国された中国最後の王朝。十七〜十八世紀の康熙帝・乾隆帝のときに最盛期を迎えたが欧米列強の侵略により衰退し、一九一二年の辛亥革命で滅亡した。

14 小西行長…キリシタン大名。文禄の役では平壌まで攻め込んだのち明との講和を主導。関ケ原の戦いで西軍につき斬首された。

15 李舜臣…李氏朝鮮の武将。文禄の役で日本水軍を撃破して制海権を奪ったが、慶長の役で島津勢に敗れ戦死した。

本郷　ある著名な歴史小説家の方とこの話をした時、彼は信長が家康を暗殺するつもりで、それが本能寺の変につながったのではないかという話をされていました。僕は、わざわざ呼び出して暗殺しなくても、普通に戦ってつぶせばいいといったのですが、彼いわく、信長の政権は実質的に天下人の政権になっているので、理由もなく家康を殺せない。大義名分が必要で、それがないから暗殺という手段を使わざるをえなかったという話をされていました。秀吉も家康をつぶす大義がなかったから、したくてもできなかったというのは一つの解釈になるかもしれません。

簑原　だからこそ朝鮮出兵に赴かせて消耗させるべきだったと思うのですが、そこで大活躍されては困るという思惑もあったのでしょうかね。

日本人らしいキリスト教とのつきあい方とは

簑原　もう一つの側面として、ヨーロッパの宣教師とのつながりは存在しませんか。宣教師も決して一枚岩ではなかったわけですし、信長と秀吉、家康では、それぞれ宣教師とのつきあい方にも違いがあったと考えられるのですが。

本郷　次章の話になりますが、家康は南蛮貿易はやりたかったけど、キリスト教の受容はノーなんです。一方、秀吉は「表向きだけ捨ててくれればいい」というスタンスです。大名たちに対しては、キリスト教の信仰を捨てろといいますが、それは表向きでよかった。しかし、熱心な信者だった高山右近[16]だけは、表向きでも捨てられませんといって、大名の地位を捨ててしまうんです。一方、黒田官兵衛[17]や蒲生氏郷[18]は表向きだけは信仰を捨てています。

簑原　でも心の中では信仰していると。本音と建て前を使い分けるという意味ですごく日本的ですね（笑）。

本郷　官兵衛や氏郷は、実は神の実在を信じていなかったのではないかと、僕は思います。本当に神がいると思ったら、表向きでも捨てられないはずですよ。

簑原　でも、日本にはもともと仏教や神道など、いろいろな信仰が混在しているので、キ

16　高山右近…キリシタン大名。諱は重友。信長・秀吉に仕え、播磨・明石城主となるが禁教令に背いて改易。家康により国外追放となりマニラで亡くなった。
17　黒田官兵衛…諱は孝高、号は如水。もとは播磨の小寺氏の家臣。中国攻めの時に秀吉に従う。以後、秀吉の軍師として天下統一事業を支え、嫡子・長政が福岡藩初代藩主となる基礎を築いた。
18　蒲生氏郷…近江出身の大名。信長・秀吉に仕えて出世し会津九十二万石の大名となった。

リスト教についても、意外と器用に表と裏の使い分けができるのではないですか。
本郷　なるほど。
簑原　自然とともに生きるのが日本の伝統ですよね。そこには、いろいろな神が宿っていて、そのうちの一つにキリスト教の神がいるというとらえ方をしていたのかもしれません。ヨーロッパ的な宗教観とはかなり違いますが。
西洋は一神教同士の三つ巴の競争になります。ユダヤ教もイスラム教も排他的に一つの信仰に縛ろうとしますが、日本の宗教観ははるかに柔軟です。
本郷　そうですね。マーティン・スコセッシ監督の『沈黙[19]——サイレンス——』という映画がありますよね。あの映画は、日本人のキリスト教観をそのように解釈していました。最後に宣教師が表向き棄教させられますが、心の中では信じ続けている。遠藤周作がこの作品を出した時、キリスト教協会から反発を食らったみたいです。
簑原　私も『沈黙』を観ましたが、そうだったですね。
本郷　こんなものはキリスト教じゃないといわれたそうですよ。
簑原　確かに、それはヨーロッパ的な考え方ですね。どうしても、善と悪など白と黒をはっきり分けようとしますから。

本郷　だから、キリスト教に忠実であるなら、神の実在を本当に信じなくてはいけなくて、表向きでも捨てられるものではないと、僕は思ったんです。

簑原　映画についてのドキュメンタリーの中でスコセッシは、原作にある「転ぶ」という概念がどうしてもうまく訳せなかったといっていました。適語がみつからなかったからこそ、映画ではそのまま「korobu」を使ったと。「転ぶ」というのは何回でも棄教しても、また何度でも立ち上がってまた信仰を続けるという意味ですよね。でもキリスト教では、棄教自体ができない。だから転べないんです。

本郷　七転び八起きみたいな。

簑原　そうなんです（笑）。だから、表面的にだけ信仰を捨てるものの、またクリスチャンとして復活し、必要あればまた捨てると。生きるためには合理的な考え方ですね。

本郷　そうか、「転ぶ」って、そういう意味なんですね。

簑原　少なくともスコセッシ監督はそう説明していました。でも、そういう考え方は欧米

19『沈黙』…自身もキリスト教徒だった芥川賞作家・遠藤周作の歴史小説。島原の乱直後のキリシタン弾圧の様子をポルトガル人司祭の目線で描き、神と信仰の意味を問いかけた。二〇一六年にスコセッシ監督により映画化された。

のコテコテなクリスチャンにはまったく理解できない。彼らにとっては「転ぶ」という考え方自体がありえないんです。

本郷　それ、おもしろいですね。

簑原　だから外国の宗教戦争はなかなか大変なんですよ。原理主義同士の戦いですから。

本郷　そうですね。だけど、そういう考え方をもっているから、逆にコンピューターなんて作れるのかもしれませんね。

簑原　1か0か（笑）。

本郷　日本人はそこまでできないんですよ。徹底的に何か突きつめて考えた人って、日本人にはいないんですよね。

簑原　でも、私は日本人のそうした灰色の部分が好きですけどね。

本郷　お好きですか。

簑原　日本に来るまで、そういう発想がなかったので新鮮なんです。先ほど言ったように、欧米は善か悪か、イエスかノーかしかない。でも日本では、イエスが実はノーという意味だったり、ノーがイエスだったり。あるいは善の中に悪もあるとか、ややこしいけどおもしろいなあって。これが仏教的な感覚なのかもしれませんね。

私が日本に来て感じたのは、日本人より韓国人や中国人の方が、何を考えているかがはるかにわかりやすいということです。特に人間関係は、この二人は仲が悪いなとか少し観察すればすぐに気づきますね。その点、日本は世界トップクラスでわかりにくい。仲悪いのに表向きは大の仲良しを演じられますから。一番、気質が近いのはイギリス人かもしれないですね。イギリスも日本人同様に人間関係が非常にわかりにくい。やっぱり、島国的なメンタリティーがこうなるのかなぁと勝手に考えています。お互いギスギスしたくないという思いもきっとあるのでしょう。

スペインは日本征服をもくろんでいた？

本郷　結局、朝鮮出兵の意味をまとめると次のようになるでしょう。東アジア貿易の主導権を握るため、明を屈服させようと出兵したものの、明・朝鮮の連合軍に押し戻されて講和させられたのが文禄の役。でも、それでは格好がつかないので、とりあえず朝鮮だけでも取ろうとしたのが慶長の役だったのだと思います。

簑原　慶長の役については、文禄の役で協力しなかったことに対する、朝鮮への懲罰という意味もあったのではないですか。そのうえ、領地もおまけとして手に入れたいと。

本郷　そうだと思います。だから、文禄の役と慶長の役では戦争の性格がまったく違うということですね。

簑原　朝鮮出兵は日本が外国を攻めたわけですが、本書のテーマである外圧は関係していたのでしょうか。

本郷　秀吉はヨーロッパのスペインやポルトガルのことを考えていたのかもしれません。

簑原　スペインが日本の支配を企んでいたという説がありますよね。その外圧を退けて、日本が独立を守り抜いたという歴史解釈を聞いたことがありますが、私はそれはないと思っています。この仮説に基づいて先日あるテレビの歴史番組が放送されていました。限られた史料を根拠に歴史的事実として誤解させるような内容だったのに少々戸惑いましたが。

本郷　無理でしょうね。

簑原　そもそもスペインはそこまで日本に興味はなかったのではないかと。

本郷　興味があるかどうかはわかりませんが、スペインの人口は当時一千万人くらいです。ポルトガルにいたっては百万人くらい。その人口規模で植民地をもつのは無理でしょう。

簑原　そうですよね。

本郷　当時の日本の人口は千二百万人ぐらいですから。ヨーロッパ列強が植民地支配に乗り出すのは、イギリスとオランダの東インド会社[20]が設立され、腰を据えてアジアに進んできてからです。彼らがアジアに本格的に向きあうのは、百年も先の話なんですよ。当時はスペインもポルトガルも、マカオやマニラなど都市を点で支配している程度ですよね。

簑原　一四九四年のトルデシリャス条約[21]が示すように両国とも主関心は中南米ですね。事実、スペインは一五二一年から三百年間現在のメキシコにヌエバ・エスパーニャ副王領[22]を築きます。一五八〇年から一六四〇年の間イベリア連合[23]の期間がありますが、ともあれスペインはアジアとのつながりではお金儲けにつながる貿易が主目的でした。ところで、以前から疑問に思っていたことがあるんですが、朝鮮出兵によって、当時の日本人の朝鮮人に対する見方は変わったのですか。

20　東インド会社…十七世紀初頭に西欧列強がインド・東南アジアとの貿易、植民地支配のために設立した特許会社。
21　トルデシリャス条約…一四九四年、スペインとポルトガルが支配領域の境界を定めた条約。大西洋のベルデ岬諸島の西約一八五〇キロメートルの子午線を境界として、前者が西方、後者が東方を支配領域とした。
22　ヌエバ・エスパーニャ副王領…一五一九年から一八二一年までの、北アメリカ大陸、カリブ海、太平洋、アジアにおけるスペイン帝国の副王領地。
23　イベリア連合…一五八〇年から約六十年続いたスペインとポルトガルの同君連合。

本郷　そこもまだ研究が進んでいない分野だと思います。
簑原　それまでは一応、朝鮮半島に対して尊敬していた部分もあるんですよね。
本郷　江戸時代の朝鮮通信使を迎える日本人の様子から考えると、非常に敬意を払っていたのは確かです。儒者同士の交流も非常に盛んでした。
　実はこのころ、朝鮮でも新しい中華思想の考え方が芽生えてくるんです。なぜかというと、明を滅ぼした清は異民族の国だから、清が中国大陸を支配した時点で中華は李氏朝鮮に移ったという考え方です。
簑原　中国の正統な後継者を自負していたんですよね。
本郷　だから当時の日本は、李氏朝鮮をそれほど下には見ていなかったと思います。朝鮮出兵の時、日本が国内を荒らしたので、朝鮮の歴史がどれだけ遅れたのか、朝鮮の社会がいかに疲弊したのかという問題はありますが。
簑原　慶長の役で活躍した島津義弘[24]が、「泣く子も黙る」といって韓国人に恐れられていたといわれますね。
本郷　鬼石曼子《グイシーマンズ》[25]ですよね。それこそ、きちんと兵站を確保していなかったから、兵たちが現地で残虐な略奪や誘拐を行った結果ですよね。

簑原　現地調達の精神は太平洋戦争でも健在ですね。

本郷　さすがにそれはバカじゃないかと思いますよ。そんなことしたら、朝鮮の農民が怒るに決まっているじゃないですか。

簑原　本当は"hearts and minds"を摑んで味方にしなくちゃいけないのに（笑）。

本郷　だから農民を慰撫して、アメを配りながら戦っていれば勝てたかもしれない。

簑原　結局、日本人は兵站の重要性について、現代にいたるまで一貫して学んでないんです。

24　島津義弘…島津貴久の子。兄・義久とともに九州平定を進めたが豊臣秀吉に屈服。出家した義久に代わり島津氏の代表となり、朝鮮出兵や関ケ原の戦いに参加した。

25　鬼石曼子…島津義弘は慶長の役の泗川の戦いで明・朝鮮の大軍を退けた。この時の激しい戦いぶりから、朝鮮の人々からこう呼ばれたといわれる。

第六章
キリスト教の弾圧
―鎖国の完成―

時代を読む

貿易の利と禁教の間で揺れる支配者たち

天文十八年（一五四九）、ザビエルによって日本にキリスト教がもたらされて以来、貿易の利を求める大名の庇護もあって信者は急速に増加した。豊臣秀吉が九州を平定した天正十五年（一五八七）には、九州や畿内を中心に二十万人に達したといわれる。

信長同様、豊臣秀吉も当初はキリスト教に寛容だったが、九州平定後、突如方針を転換する。大名の入信を公儀による許可制とし、棄教を拒んだ明石城主・高山右近の領地を没収。さらに伴天連追放令を出して宣教師の国外退去を命じた。背景には、大村純忠が領地の長崎をイエズス会に寄付していたことに加え、キリシタンによる寺社・僧侶への迫害や、ポルトガル船による日本人の奴隷貿易などがあったといわれる。

慶長元年（一五九六）、土佐に漂着したスペインのサン・フェリペ号の乗組員の証言などから、スペインが領土拡張に宣教師を利用しているという情報が伝わると、秀吉は宣教師と信者二十六人を捕らえて処刑した（二十六聖人殉教）。この事件は、支配者層がキリスト教への警戒感を強めるきっかけになったといわれる。

だがその一方、秀吉も、江戸幕府を開いた徳川家康も貿易を熱心に行ったため禁教政策は徹底されず、同十年ごろ信者数は七十万人まで増えたともいわれる。

同十七年、キリシタン大名と幕臣による収賄事件（岡本大八事件）が発覚すると、幕府は直轄領に禁教令を出し、翌年、全国に広げて信者に改宗を強要した。同十九年には高山右近ら三百余人をマニラとマカオに追放。元和八年（一六二二）には長崎で宣教師・信者五十五名を処刑した（元和の大殉教）。それでも、信者のなかには改宗を拒んで殉教、あるいは隠れキリシタンとなって信仰を守った者が少なくなかった。

幕府の対外政策に大きな影響を与えたのが寛永十四～十五年（一六三七～三八）の島原の乱である。島原・天草地域でキリシタンが蜂起し、一国一城令で廃城になっていた原城に籠ったが幕府の大軍に敗れ、女性や子どもまで皆殺しにされた。大量殺戮により百姓が激減して農村は荒廃。幕府は年貢を減免し、移民を奨励して復興に努めた。以後、幕府の禁教政策は厳しさを増し、尊像を踏ませる絵踏《えぶ》みや宗門改めによりキリシタンが徹底的にあぶり出された。外国に対する警戒も強化され、ポルトガル船の来航は禁止。オランダ商館は長崎の出島に隔離されて日本人との接触を禁じられ、中国との私貿易も長崎に限定されるなど、後世、鎖国と呼ばれる体制が固められていった。

大航海時代からあったグローバリゼーション

本郷　豊臣秀吉と徳川家康によるキリスト教の弾圧を経て、徳川家光[1]の時代に鎖国が完成します。その前に、当時の世界の情勢についておうかがいしたいのですが、西洋が中心となっていた当時のグローバリゼーションは、いつ生まれたとお考えですか。

簑原　これは難しい質問なのですが、私はスペイン帝国[2]の時代からすでにあったと考えています。近世初頭の日本は、百年におよぶ戦国時代を経験することにより、アジアでもっとも強い国になりましたよね。

スペインも同じで、世界を征服できるほどに発展したのは、レコンキスタ[3]といわれる約五百年間にわたる激しいムスリムとの戦いが背景にあるんだと思います。そのなかで軍事力はどんどん鍛えられてゆき、その過程で技術も進歩していきました。その最新のノウハウを、今度は帆船の建造や帆の技術に生かして実用化した結果、海を支配でき世界中に影響力をおよぼすようになったわけです。これが、最初の日の沈まない帝国の誕生につながります。

このように大航海時代にスペインはアジアのみならず中南米にも進出しますが、これも一種のグローバリゼーションであることは疑う余地はありません。このころ、ヨーロッパから新大陸に豚や馬が輸出されました。実はそれまで、先住民のアメリカ・インディアンは馬に乗っていませんでした。木曽馬と違い、アメリカ原産の馬は小さすぎて乗れないいんですよ。アメリカの乗馬は、スペイン人が入植してから根づいた文化なんです。

本郷　日本の在来種の議論と似ていますね。日本の馬も小さくてポニーみたいな大きさだったといわれています。実際はそれほど小さくはなかったようですが。

簑原　豚肉を食べる文化もヨーロッパから新大陸へもたらされました。いろいろなことがヨーロッパを中心に動いていたんです。

本郷　豚肉も?

簑原　はい。だからアメリカの南部ではいまだに豚が好まれるんですよ。アメリカでバー

1　徳川家光…江戸幕府三代将軍。この時代に幕府の職制や参勤交代、鎖国政策など幕藩体制の基礎が固まった。
2　スペイン帝国…十六世紀半ば〜十七世紀前半のスペインとその植民地・属領の総称。スペインの全盛期で「太陽の沈まない国」などと呼ばれた。
3　レコンキスタ…八世紀に始まるイベリア半島のイスラーム支配に対するキリスト教徒による反撃の動き。十一世紀から十五世紀末まで続く。スペイン語で「再征服」の意味で、国土回復運動ともいわれる。

ベキューというと、北部はビーフが主流ですが南部ではポークなんです。

本郷　ジャガイモも中南米から入ってきたんですよね。

簑原　そうです。あとタバコもですね。こういう作物が世界規模で動いていたということが如実に、グローバリゼーションの実態を示しているんだと思うんです。友人のメキシコの研究者によると、日本で南蛮貿易が行われていたころ、日本からフィリピン、あるいはグアムを経由してメキシコへ向かう貿易航路が確立していたそうです。スペインが中国や日本との貿易で得た富は、すべてフィリピンを経てメキシコに運ばれていました。

本郷　なるほど。

簑原　つまり、近世初頭の日本はフィリピンやグアムをはさむ形で新世界とつながっていたわけです。とはいえ、当時はモノの移動が主でした。何人かの日本人がメキシコに渡って神父になったという記録はありますが、基本的に大量のヒトの海上移動はまだ容易ではない時代ですから、それほど多くはありません。

本郷　伊達政宗[4]が家臣の支倉常長[5]をヨーロッパに派遣した時もメキシコ経由でしたよね。確かに、貿易航路が確立していなければ、常長もそんなルートは通らなかったでしょう。

簑原　もう一つ、考えなければならないのは宗教です。貿易を行うということは、モノを売るということですよね。それにはお金を要しますから、ある程度、豊かな国としか通商関係をもつメリットはありません。

一方、宗教のマーケットは人の心です。お金はいらないから浸透しやすい。特にスペインはカトリックなので非常にアグレッシブに布教を進めました。

本郷　なるほど、そういうとらえ方もありますね。日本史の研究者は内向きなので、そうしたグローバリゼーションや世界の情勢は忘れがちなんです。日本の鎖国や開国について考える時は、スペインやイギリス、さらにアメリカも含めてグローバルな視点で考えないといけないということですね。

勘違いが生んだ新大陸の発見

簑原　人類というのは意外と間違いと誤解で大きく進歩することがあるんですよね。たと

4　伊達政宗…奥州の戦国大名。十八歳で家督を継いで奥羽の広大な領域を支配したが、秀吉・家康に臣従し仙台藩初代藩主となる。幼少期に右目を失明し「独眼竜」と呼ばれた。

5　支倉常長…慶長十八年（一六一三）、奥州司教区の創設と通商交渉のため慶長遣欧使節として渡欧。スペインでフェリペ三世、ローマで教皇パウルス五世に謁見し、元和六年（一六二〇）に帰国したが晩年は不遇だった。

えば、マルコ・ポーロ[6]が『東方見聞録』でジパングという黄金の国があると書いたことが、大航海時代でヨーロッパ人を東に向かわせた面もありますよね。

実はコロンブス[7]も大きな間違いをおかしていたんです。もともと、科学はアラビアが大変進んでいて、イスラム王朝がイベリア半島南部を支配している間に、アンダルシアや南スペインを経てどんどんヨーロッパに入っていきました。だから、ヨーロッパ人はイスラム文献を翻訳することで、数学や天文学など科学の知識を得ていたんです。

フィートやインチなど長さや距離の単位は文化によって異なりますよね。マイルの概念もそうで、アラビアンマイルとヨーロッパマイルでは違っていたんです。しかし、イスラムの文献を翻訳する時、数字だけを直訳して移し替えたので、アラビアマイルのままヨーロッパに紹介されてしまいました。その結果、コロンブスは実際より地球が三分の一程度小さいと思っていたようです。だから問題なくたどりつけると考えた。

本郷　なるほど。

簑原　もし、コロンブスが実際の距離感を把握していたら、無謀だと思ってさっさと断念していたかもしれません（笑）。くわえて、当時の常識では間の新大陸（西半球）は存在しないので、インド洋経由の東回りではなく、西回りで進めばより簡単かつ早くアジアに行

ける と考えた。その結果、コロンブスは現在のハイチやドミニカにたどりついたんです。彼はそこをインドだと勘違いしていたので、現地の先住民をインディアンと呼び、インド人もインディアンですから今日にいたるややこしい二つの呼称の存在につながりました。

家康が日本を弱くした?

本郷 キリスト教の問題について考える前に、もう一つおうかがいしたいのですが、織田信長があと十年長く生きていたら、キリスト教を弾圧していたと思いますか。

簑原 利用価値がある限り、信長はキリスト教と上手につきあっていたと思います。

本郷 利用価値というと?

簑原 私は、信長は「インテリジェンス」としての海外情報がほしかったのだと思います。もちろん西洋の技術にも興味があったとは思いますが。信長はものすごく好奇心のある人

6 マルコ・ポーロ…十三世紀のヴェネチアの商人。元のフビライ・ハンに仕えて十七年間アジアに滞在し、帰国後に『東方見聞録』を著した。
7 コロンブス…イタリアの航海者。西回り航路でインドに向かう計画を立て、スペイン女王イザベル一世の支援を受けて新大陸を発見。四度の航海で中南米を探検したが、死ぬまでアメリカ大陸をインドだと考えていた。

だと思うんです。

本郷　それも賛成です。

簑原　日本はあまり情報を重視しないところがありますね。だからこそ、日本語ではインテリジェンスとインフォメーションの用語を区別しません。概念としてはまったく異なるのに、です。信長はそのなかで前者の利用価値がよくわかっていたからこそ、世界各国の動向には特に関心があったのだと思います。これは私の推測でしかありませんが、信長は国際政治を弱肉強食の世界としてみていたのではないでしょうか。ヨーロッパにも強い力をもった国があり、いずれ日本にもやってくるかもしれないと。ならば日本はもっと強くなる必要があり、そのためにはより多くのリソースを得るために中国をおさえなくてはいけないと考えていた。当時の中国人も発想では国家のパイを大きくするというのは、すなわち領土の拡大ですからね。信長はそういうスケールの大きいビジョンをもった野心家だったのではと思います。

本郷　その信長が死んで、秀吉がそれを受け継ぐ形で朝鮮出兵を行いました。

簑原　秀吉のビジョンはだいぶ小さくなりますが。

本郷　その結果、コケてしまったわけですが、家康の場合はさらにスケールが小さくなりますね。

簑原　家康の何がダメかというと、江戸幕府の存続を第一に考え、主に日本国内しか見ていなかったところだと思うんです。つまり、守備的な姿勢ですね。幕藩体制[8]というのは近代国家でも何でもない、中途半端な妥協の制度設計ですから。そこで良しとしてしまったところが、家康が世界における日本の地位を下げる結果につながったのだと思います。

本郷　そうですね。僕がよくいうのは、江戸に政権をつくること自体が当時の常識からはずれているんです。それまでの歴史を踏まえれば、関西で政権をつくるのが普通です。なぜ関東の田舎に引っ込んだのかというと、やはりヨーロッパから距離をおこうとしたんだと思うんです。

そうはいっても、家康も貿易はやりたかったみたいですね。家康が生きているころは、まだヨーロッパと交易していましたから。

簑原　でも、大国意識をもってヨーロッパ列強としのぎを削るという発想はないですよね。

本郷　ないでしょうね。

8　幕藩体制…江戸幕府と諸藩が全国を統治する近世の封建的な支配体系を表した歴史学上の概念。

簑原　秀吉の時まで、日本は世界トップクラスの強国だったと私は思います。でも、江戸時代になってから軍事面でどんどん後れをとっていった。もちろん文化面は別ですが。

本郷　それも大賛成ですね。

簑原　だから、ペリーが黒船を伴って来航してきた時には、結構大きな差が開いていた。

本郷　そうかもしれないですね。ややもすると、日本はすぐに国を閉ざしたり、内向きになっていく傾向があるんですよね。そして夜郎自大になっていくんです。

簑原　コロナ禍でも島国らしく二十一世紀版の鎖国に転じましたね（笑）。留学生すらも締め出したわけですから本当に首を傾げたくなります。日本に来れなくなった留学生の多くは、行き先を韓国に変えました。出国前にＰＣＲ検査を受け、日本到着後にもＰＣＲ検査されるわけですから一体どれほどの感染リスクがあるのか。それよりも、この三年間でどれほどの数の将来における知日派を喪失したかと考えると、国益上の損失は計り知れないですね。これは日本が科学的合理性をも考えないという証左かもしれません。お上に対して従順に従う右に倣え精神が実に怖い。

意外にグローバルだった近世初頭の日本

簑原　ただ家康にしてみれば、鎖国という政策は理にかなってはいると思うんです。なぜかというと、幕府の力のみでは薩摩や長州は簡単につぶせないですよね。でも従わせなければならない。そうした関係を維持するためには、外国と自由に交易をさせてはいけなかった。

本郷　そうですね。支倉常長もヨーロッパに行っている間に、日本国内でキリシタン禁制が進んでしまいました。その後、支倉は帰国しますが、政宗は支倉なんて知らないよという態度で、結局いない人扱いになってしまった。

簑原　実は日本人は昔から海外に出ているんですよね。メキシコのグアダラハラ[9]の教会に行くと、神父の像がたくさんあるのですが、そのなかに明らかにアジア人の容姿の人もいるのですが、どうやら日本人らしいんですよね。

本郷　江戸時代前期のタイにも山田長政[10]という人がいましたよね。実在していなかったと

9 グアダラハラ…メキシコ第二の都市。スペイン植民地時代においてヌエバ・ガリシアの首都で、当時の聖堂や教会、修道院などの建造物が保存されている。

10 山田長政…江戸時代前期に朱印船でシャム（現タイ）に渡りアユタヤの日本人町のリーダーとなった。ソンタム王の信任を得るが、王の死後、シャム南方のリゴールの太守を任じられ、同地で毒殺された。

いう説もありますが、長政のような人物はいたはずなんです。カンボジアのアンコール・ワット[11]には日本人のモリモト某という人の落書きがあるとか。タイには十八世紀まで日本人町もあったわけですし。

簑原　この時代には日本人もグローバリゼーションの中に組み込まれていたと考えるのが自然ですね。

本郷　確かに、信長と秀吉の時代にはそういう方向を模索する動きはありましたね。しかし、家康の時代からそれが急速に下火になっていった。

簑原　そうなんですよ。家康と江戸時代がなかったら、まったく違う日本の姿があったと思います。

本郷　これも先の歴史小説家の方の言葉ですが、信長がもう少し長生きして、グローバルな対外関係をめざしていたら、たぶんスペインと戦えるまでになっただろうといっていました。でも、その結果、今の日本もおそらくスペインのようになっていただろうというわけです。

簑原　確かに。でも、そういう「パックス・ニッポニカ」と呼べるような時代があってもよかったんじゃないですか（笑）。何もパックスは西洋文明だけが築くものではないはずですから。習近平国家主席もこう考えていたら怖いです（笑）。

本郷 だから日本語もスペイン語のように、海外での多くの国で使われるようになったかもしれません。一方、国力も今のスペインのように停滞していたのではないか、とも彼はおっしゃっていましたね。うまいことというなと思ったんですけど。

簑原 日本が好運だったのは、大航海時代の覇者であるスペインとポルトガルのうち、どちらかといえば弱い方のポルトガルがトルデシリャス条約によってアジアの利権を手にしたことです。

本郷 そうなんですか。

簑原 先ほどお話ししたように、のちにポルトガルはイベリア連合でスペインに吸収されます。ポルトガルにはスペインのような激しさはなくて、マカオやティモールなどを支配するくらいで満足していた。台湾にも入りましたが、国力の限界からか長くは続かなかった。スペインとは明白な国力の差がありましたね。

---

11 アンコール・ワット…十二世紀に古代カンボジアで建設された寺院。近世初頭に訪れた日本人が祇園精舎の跡と考え、墨の落書きを残した。

本郷　当時のポルトガルの人口はスペインの半分ですもんね。

簑原　日本に宣教師を送ってきたのは、ポルトガルよりスペインの方が多いんですか。

本郷　イエズス会[12]が中心なのでスペイン人が多いですね。逆にポルトガルの方がキリスト教色は薄いので、鎖国ができあがるまで追放されずに、おつきあいできたのでしょうね。

簑原　ポルトガルにとっては商売の方が大事だったのでしょうね。

本郷　そうだと思います。

簑原　私は仕事で両国によく赴きますが、スペインとポルトガルでは国民性も全然違います。ポルトガル人の方がどこか雰囲気は暗いですね。一七五五年のリスボン地震などの大きな災害もありましたし、隣国のスペインに吸収されたりしたので、スペイン人のような陽気さはあまり感じられません。両国の違いは、両国の踊り、つまりポルトガルのファドとスペインのフラメンコの違いによく表れているのではないでしょうか。ファドはいってみればヨーロッパのブルースのようで、失恋など悲しい内容を歌っています。他方、フラメンコはテンポも速く実に華やかですよね。

本郷　そうなんですね。

キリスト教のライバルは一向宗だった！

本郷　秀吉や家康がなぜキリスト教を排除したのかということですが、僕はやはり一向宗[13]との関係を考えるべきだと思っているんです。宣教師が日本の仏教について書いたレポートがあるのですが、一番の悪魔は禅宗[14]だといっています。宣教師がきちんと理解していないだけなのですが、禅宗は「無」を大切にしている。ゼロということはすべてがないということで、これは悪魔の思想であると。

一方、仏教の宗派のうち、もっとも自分たちに近いのが一向宗であるともいっています。南無阿弥陀仏を唱えれば極楽浄土に行けるというのが一向宗の教えですが、それはいいこ

12　イエズス会…一五三四年、ロヨラらによってパリで結成されたカトリック会派。反宗教改革運動の中心組織として全世界へのカトリックの伝道をめざした。

13　一向宗…浄土真宗の別名。ひたすら念仏を唱える「一向専念（専修念仏）」を説いたため一向宗とも呼ばれた。本願寺のもとに組織され、しばしば戦国大名と対立し一向一揆と呼ばれる暴動を起こした。

14　禅宗…坐禅や問答によって悟りを得ようとする仏教の宗派。鎌倉時代以降、栄西の臨済宗、道元の曹洞宗などが武家の庇護を受けて栄えた。

とをすれば天国に行けるというキリスト教の思想に似ている。だから商売敵は一向宗だといっているんです。

しかし、信長は一向宗を許しませんでした。阿弥陀仏のために戦えば極楽浄土に行けるという一向宗の思想は、世俗における信長の権力とは真っ向から対立するものです。しかも、キリスト教のように王は王、神は神という区別もないから、信長は一向一揆を徹底的に弾圧しました。

簑原　キリスト教の信徒の忠誠心は、ローマ教皇に向けられるじゃないですか。それでも信長がキリスト教を保護したのはどういうことなんでしょう。

本郷　僕もそこは疑問だったのですが、先ほど簑原先生が、信長は西洋の情報を大切にしていたといわれたので、それも考えなくてはいけないと思いました。

簑原　確かに、最初は情報がほしくてキリスト教を利用したと思います。でも、信長が神になろうとしたのなら、いつかはキリスト教の存在と整合性がとれなくなるはずですよね。

本郷　だから、僕も信長があと十年長く生きていたら、秀吉みたいにキリスト教の排斥に踏み切ったのではないかと思うんです。

簑原　私もそう思いますね。つまり、利用価値が続くまでの時限付きおつきあいですね。

本郷　神を信じるということは、自分への忠誠心をもたなくなるということですよね。その発想は、秀吉や家康に受け継がれたのだろうと思います。

簑原　家臣にとっても、神の教えと主君の命令が異なる場合、どうすればいいという話になるでしょうし。

本郷　そうですね。家康もそれは許せんということで、キリスト教にノーをつきつけた。

簑原　私は信長もほかの戦国大名も、最初からキリスト教を利用できるうちは利用しようと考えていたのだと思うのですが、いかがでしょうか。もちろん、高山右近などを除いてで。

本郷　いや、そうでもないと思いますよ。おそらく黒田官兵衛や蒲生氏郷のように優秀な大名からすると、ロジカルなキリスト教の考え方は魅力的だったと思います。日本の思想にはそうした論理性はないですから。

そもそも、日本の宗教には教義もないので。江戸幕府が官学にした儒教[15]にしても、ただ

15 儒教…孔子の教えを中心とした思想や祭祀を体系化したもの。四～五世紀ごろに初めて日本に伝来。中世以降、南宋の朱熹が創始した朱子学が栄え、江戸幕府の官学となった。

中国から輸入しただけ。厳密には中国の儒教と日本の儒教は違うもののようです。本来の儒教は親への「孝」が根本にあって、主君に対する「忠」は一つ下になるんです。ところが日本の儒教は、孝と忠を車の両輪にたとえて同列に扱っています。

簑原　支配者層にしてみたら、その方が都合がいいんでしょうね。

本郷　そうなんです。だから、やはり主君への忠節を重視しようとすれば、キリストに忠節を尽くすという考え方は弾圧されてしかるべき、ということになるのでしょう。もちろん、いいことだとは全然思いませんが。

島原の乱とは何だったのか？

簑原　少し前に熊本県天草市にある天草キリシタン館に行ったのですが、島原の乱[16]は激しい戦いだったようですね。あまり戦国時代でも見ないような殺戮じゃないですか。

本郷　なぜかはよくわからないんですけど、日本の城跡を掘っても、めったに人骨は出てこないんですよ。でも原城だけはざくざく出てくる。

簑原　そのようですね。

本郷　本当に徹底的な虐殺をやっているんですよ。確かに、幕府軍は相当手こずらされましたから、この野郎という思いはあったのでしょうけど。

簑原　ゼロット（熱狂者）ですからね、相手は。

本郷　こいつらを生かしておいたら、ロクなことにならないという思いもあったんでしょう。ただし、原城の殲滅戦を一体どうとらえるのかということが問題になっているんです。三つのとらえ方があって、キリスト教に対する弾圧、本質は農民一揆だったとする考え方、もう一つは、改易された大名の浪人一揆だとする考え方です。

ただし、島原の乱を描いた屏風を見ると、キリストの旗を振り立てて戦う一揆勢を描いているので、キリスト教の弾圧という背景は絶対にあったと思います。

簑原　実際のところ、この三要素が複合していたのではないのですか。

本郷　それはあったでしょうね。だけど幕府が一番恐れたのは、やはりキリスト教だと思うんです。だから鎖国も、日本からキリスト教に退場してもらおうという意図があったの

16 島原の乱…島原・天草一揆ともいう。寛永十四～十五年（一六三七～三八）、九州の島原・天草地方でキリシタンの農民や浪人が蜂起した一揆。天草四郎時貞を担いだ一揆勢は数万の大軍で島原の原城にこもったが、十二万の幕府軍の猛攻を受け陥落した。背景には飢饉のさなかの重税や、キリシタンへの弾圧などがあったといわれる。

でしょう。

簑原　賢いオランダ人は、プロテスタント[17]とカトリック[18]とは違う、商売だけやればいいという話にうまくもっていきましたよね。

「中途半端さ」が江戸時代を長くさせた？

本郷　いずれにせよ、幕府が鎖国した第一の理由は、キリスト教を排除したかったということでしょう。当時の日本は、外国と交易をしなくても、とりあえず食べていけたという背景もあったと思います。食糧が乏しくて、交易しないと食べていけない国もあるなかで、日本の場合、自分たちが食べる分は何とか生産できる国土があった。また、火薬の原料になる硝石も、戦国の世の終わりとともに必要なくなりました。

前章でも述べたように、スペインやポルトガルは日本を支配しようと考えたわけではないと思います。それが外圧になったとは考えにくいですね。

簑原　外様大名を強くさせないというねらいもあったでしょうね。

本郷　それもあるでしょう。簑原先生がおっしゃるとおり、長州や薩摩に勝手に貿易をやられたら、幕府にもおさえがきかなくなりますからね。

簑原　しかも、いずれの藩も海に面している。

本郷　どうして幕府が海に面した場所に外様大名を封じたのかわかりません。実際、幕末に倒幕に加わった薩長土肥は、みんな海に面しているんですよね。

簑原　そうなんです！　本当は信州とかの内陸に閉じ込めた方がよかったんじゃないかと思います。でも、幕府には国替えをさせる力はなかったのでしょうね。

本郷　家康は薩摩なんかどうでもよかったんだと思いますよ。一番、西の端でしょう。薩摩をとりつぶすために軍事行動を起こそうとしてもコストパフォーマンスとして見合わない。関ケ原の戦い[19]も会津征伐という口実から始まっている以上、上杉氏は最重要の戦犯の

17　プロテスタント…新教。十六世紀の宗教改革以後、カトリック教会への批判から生まれたキリスト教の教派の総称。オランダは新教の国で、幕府に貿易を認められたことへの見返りとして、寛永十八年（一六四一）以降、海外情勢を伝えるレポート（オランダ風説書）を幕府に提出した。

18　カトリック…旧教。ローマ教皇を頂点とするカトリック教会の教えに基づくキリスト教の教派。戦国時代に日本で活躍したザビエルやフロイスはカトリックの宣教師（バテレン）だった。

19　関ケ原の戦い…慶長五年（一六〇〇）、徳川家康率いる東軍と石田三成を司令官とする西軍の戦い。上洛を拒否した上杉景勝の討伐を理由に家康が諸大名を率いて東下したことが発端だった。勝利した家康が天下人となり、三年後に征夷大将軍となって江戸幕府を開いた。

はずなのに、一応残したじゃないですか。

簑原　家康はすごく中途半端なんですね。

本郷　本当にそうですよね。

簑原　でも、日本的なアプローチだとも思います。

本郷　そうですね。小さなどうでもいい藩はとりつぶしているのですが。

簑原　やりすぎないということも、江戸幕府が長く続いた理由の一つだったのかもしれませんね。

第七章

ペリーの黒船

―「鎖国」の終わり―

時代を読む

海外との交流が制限された時代

江戸時代、幕府の鎖国政策により諸外国との自由な通交は途絶え、対外交流は長崎におけるオランダ・中国との貿易のほか、対馬藩の宗氏を通じて朝鮮、薩摩藩を通じて琉球王国、松前藩を通じてアイヌ民族の蝦夷地という四つの窓口に限定された。

諸外国との交流が絶えたことで国内では平和が続き、日本独自の文化が成熟する一方、排外意識や日本を中心とする華夷思想が拡大した。これには、一六四四年の中国における清朝の建国もかかわっていたといわれる。漢民族の明から女真族の清への王朝交替は、中国が夷狄（辺境民族に対する蔑称）の国になったと受け止められた。こうした東アジア世界の変動が、中国や朝鮮を文弱な「長袖の国」とみる古くからの偏見とあいまって、外国に対する優越感を育んでいったといわれる。

一方、西洋では十八世紀後半、アメリカ合衆国の独立やフランス革命、イギリスの産業革命などにより市民社会の発展や技術革新が進み、西洋列強は通商拡大や植民地獲得を求めて海外へ進出、日本近海にも頻繁に姿を見せるようになる。蝦夷地では、寛政四年（一七九二）にロシア使節・ラクスマンが根室に来航して通商を求めてから、ロシア使節や軍艦の来航が相次いだ。イギリス船も文化五年（一八〇八）、長崎に軍艦フェートン号が侵入して以来、関東や九州など各地に出没した。

アメリカからは天保八年（一八三七）、商船モリソンが漂流民の送還と通商交渉のために来日。九年後にはアメリカ東インド戦隊司令長官ビッドルが浦賀に来航し、開国と通商を要求し、幕府に拒絶される。そして嘉永六年（一八五三）、マシュー・ペリーがサスケハナ号を旗艦とする四隻の黒船で来航。大統領の国書を幕府に提出して日本に開国を迫った。幕府は国書を受け取り、来年返答すると伝えてペリーを帰国させた。この時、老中・阿部正弘が国書への回答をどうするか、諸大名や幕臣に意見を求めたことが、外様の雄藩や朝廷が幕政に介入する契機になったといわれる。

翌年、ペリーは七隻の軍艦でふたたび来航。浦賀沖を越えて江戸湾に侵入し、測量を行うなど幕府に圧力をかけた。幕府は儒者の林復斎（煒《あきら》）らを全権として交渉にあたらせ、食料や燃料の供給、遭難船の救助、下田・箱館の開港などを認める日米和親条約が結ばれた。ペリーは幕府の要求に応じて通商は先送りしたが、条約の項目に総領事の駐在を入れることで、近い将来、通商条約の交渉を行うための布石とした。

「鎖国」は本当になかった？

本郷　いま、江戸時代の研究者が「鎖国はなかった」ということをさかんにいっていて、おそらくそれが主流になっているんです。

簑原　おもしろい議論ですね。考えたこともなかったです。

本郷　江戸時代の志筑忠雄《しづきただお》[1]という人が鎖国という言葉を初めて使ったのですが、そのうち教科書から鎖国の言葉は消えるともいわれています。鎖国という言葉からイメージされるほど、江戸時代の日本が閉ざされていたわけではなかったということなのでしょうけど。

簑原　でも当時の海外での一般的な認識では、日本は鎖国をしていたというように理解されてますよ。

本郷　そうですよね。妙にいじくらなければ、それが真っ当です。

簑原　その鎖国を解くために、ペリー[2]を日本に送ったんです。逆に鎖国がなければ、ペリーは日本に来る必要性はありませんでした。つまり、いきなりハリス[3]でもよかったわけですよ。

本郷　僕の感覚からすると、「外国＝列強」という認識に異を唱えたいということなのだと思います。

簑原　なるほど。

本郷　福沢諭吉の『脱亜論』[4]以降、日本は中国や朝鮮、琉球を見下しているところがありますよね。やはり隣人とのつきあいこそが大事だから、アジアを中心に考えようという方向に進んでいるのではないでしょうか。

確かに、江戸時代における日本と海外の関係を見ると、朝鮮からは朝鮮通信使[5]が送られ

1　志筑忠雄…江戸時代後期の蘭学者。志筑がドイツ人のケンペルの著書『日本誌』を翻訳する際、日本がオランダとのみ交渉している状態を「鎖国」と訳し、江戸幕府の対外政策を表す歴史用語として定着した。

2　ペリー…アメリカ東インド戦隊（East Asia Squadron）司令長官。海軍軍人の家に生まれ、十四歳で士官候補生となる。米英戦争やアメリカ・メキシコ戦争などに従軍。ブルックリンの海軍工廠の司令官となり、蒸気船の建造や士官教育の発展に尽くし「蒸気船海軍の父」と称された。

3　ハリス…安政三年（一八五六）、初代駐日総領事として赴任。江戸で十三代将軍・徳川家定や老中・堀田正睦らと会見し日米修好通商条約を締結した。

4　『脱亜論』…福沢諭吉が『時事新報』の社説で唱えたとされる。アジアよりも欧米諸国を見習って近代化をめざすべきとする考え方。

5　朝鮮通信使…将軍の代替わりや慶事の際に李氏朝鮮の国王が派遣した使節。三百～五百人の大使節で、慶長十二年（一六〇七）～文化八年（一八一一）に計十二回来日し、将軍に国書や進物を献上した。

てきましたし、清とも琉球王国を通じて交渉があり、東南アジアの情勢は琉球を通じて知ることができました。

簑原　江戸時代の日本が完全に国を閉ざしていたわけではなかったのは議論の余地はあまりないように思います。でも、この時代にもグローバリゼーションは起きてきて、その中心は西洋でした。逆にいえば、オランダを除く西洋と交流がなかった日本はグローバリゼーションに参画していなかった、すなわち世界の潮流に乗っていなかったことを意味します。少なくとも、当時の世界秩序の中心にいたヨーロッパから見れば、日本も李氏朝鮮と同じ内向きの閉じた国だったことは間違いありません。

本郷　僕もその意見に賛成です。

ペリーは日本に来たくなかった

簑原　京都大学の故高坂正堯先生の本を読んで重要な視点だなと改めて感心したのは、日本が開国して近代化の道を歩み始めたタイミングがすごくよかったという指摘です。帆船から蒸気技術に入れ替わる時に日本が国を開いたからこそ、大きく立ち遅れなかったというのは的を射ていると思います。

本郷　先生もよくご存じだと思いますが、ペリーは蒸気船海軍の父なんですよね。

簑原　そうです。彼のお兄さんは米英戦争で英艦隊を撃破して「エリー湖の英雄」と呼ばれたオリバー・ハザード・ペリーです。アメリカでは米海軍のフリゲート艦の名前にもなっているお兄さんの方が有名ですね。実際、ペリー提督（Commodore Perry）の名を冠する知る人ぞ知る地ビールを五大湖に面するオハイオ州クリーブランドの会社が販売しているんですが、こちらの「ペリー提督」も、もちろんお兄さんの方です。

本郷　ペリーは黒船でやってきて勝手に江戸湾まで入ってきたわけですが、鎖国はなかったという説によれば、黒船の来航までたいした事件ではなかったといって過小評価するんです。でも、「泰平の眠りを覚ます上喜撰　たった四杯で夜も寝られず」という狂歌もあるくらいで、当時の人はすごく驚いただろうと思いますよ。

簑原　実際、アメリカの日本への開国要請も別にペリーから始まったわけではありませんからね。日本の右寄りの人たちは、ペリーがいきなりやってきて、力ずくで日本を強引にこじ開けたという被害者意識をもっています。しかし、アメリカはペリーの前にも民間人をも含む交渉人を送ったものの[6]、ことごとく日本に峻拒されて失敗していますからね。歴史を振り返るとまず、モリソンという商船を送っています。だけど、異国船打払令によって砲撃されてしまいます。つまり、最初に引き金を引いたのは日本側になりますね。日本の抗争的な対応に驚いたアメリカ政府は、次はジェームズ・ビッドル[7]という軍人を派遣して通商関係の開始を要請しましたが、こちらも追い返されました。

さらに、ペリー来航の直前にはジェームズ・グリン[8]という士官が遭難したアメリカ船員を引き取るため長崎に向かっています。引き取りは成功しましたが、日本側の対応は冷淡なものでした。これはアメリカを完全にナメきっているということで、次にアメリカの海軍力を示す形でペリーを送ろうということになったわけです。

本郷　順序があったんですね。

簑原　それ以前と違ってペリーが日本に対して強く要求できたのには、大統領が代わったという背景があります。特にミラード・フィルモア大統領[9]のもとで国務長官を務めたダニエル・ウェブスターがキーパーソンです。十九世紀のアメリカの政治家で、アジア諸国の中でも日本との関係をとりわけ重視したのがウェブスターでした。私はこの人なしに日本の開国はなかったと思っています。

東部アメリカは英国にルーツがあるので、どうしても大西洋の向こうのヨーロッパを重視しがちです。その中で、ウェブスターは太平洋を望み、大国を志すアメリカは東アジアに目を向けなければいけないと考えていました。ちなみに後年、同じような信念をもって日本を捉えたのが連合国軍最高司令官のマッカーサーです。

そのウェブスターが、日本に行ってくれとペリーに頼んだ。でもペリーはあまり行きたくなかった。ジョン・オーリックという彼の後輩が少し前に同じミッションで日本に派遣されたじゃないかと――結局、日本にたどり着く前に諸事情のため、中止――行って失敗したじゃないかと。なんで後輩の尻ぬぐいをしないといけないんだろうと当然思うし、何よりも降格人事に等しいわけですよね。

実は、ペリーが熱望していたのは地中海戦隊[10]の司令官でした。なぜかというと、当時、

---

6 モリソン…天保八年（一八三七）、日本人漂流民の送還と交易を行おうとして浦賀に近づいたところ砲撃を受け、これを批判した渡辺崋山や高野長英ら洋学者が弾圧される事件（蛮社の獄）に発展した。

7 ビッドル…アメリカ東インド戦隊司令長官。望厦条約（米清間で結ばれた修好通商条約）の締結のため清を訪れた帰途、軍艦二隻で日本に寄り開国と通商を求めた。

8 グリン…アメリカ東インド戦隊プレブル艦長。嘉永二年（一八四九）、長崎港に侵入して幕府と交渉し、収監されていた捕鯨船員の引き取りに成功した。

9 フィルモア大統領…第十三代大統領。副大統領の時、テーラー大統領が死去したため大統領に昇格。大陸横断鉄道の整備や日本への開国要求などで名を残した。

アメリカは通商の妨害をする北アフリカのバーバリー海賊の退治を行っていて、それが米海軍を鍛えました。つまり、軍人というのは実戦によって名声を上げられるので、ペリーは豊富な実戦経験のある兄を意識してか、このポストを何よりも欲していました。

日本を徹底研究して交渉に臨んだペリー

本郷　ペリーは、本当は地中海に行きたかったんですね。

簑原　でも、最終的に日本の開国をアメリカの重要な対外政策としてとらえていたウェブスターに押し切られました。命令された以上は軍人を辞めるか従うかしかないのですが、ここでペリーは条件を出します。俺にやってほしいなら口出しはするな、あと軍艦とお金はしっかりつけろと。

成功しなければのちの出世に響きますから、ペリーはかなり周到に準備をしました。日本研究のためにライデンにいるシーボルト[11]所有の蔵書を大量に購入したり、港町で日本近海まで接近したことのある捕鯨船の船長に聞き取り調査をしたりして日本に関する貴重な情報を収集しています。つまり、闇雲に開国に臨んだわけではなく、インテリジェンスをちゃんとおさえてから日本開国を念入りに準備したんです。

その中で、日本が上下関係を重んじる国ということを知ったペリーは、自分と船員との関係がフラットなのは逆効果となると考え、日本人に自分の権威を強く印象づけるために、水兵たちに自分を王さまだと思って振る舞えと命じます。それをみた周りのアメリカ人は、ペリーはついに頭がおかしくなったと思ったそうです。でもペリーは、しっかりと日本の文化を理解したうえで、そうした対策まできっちり行った。

本郷　『緋文字』のホーソーンが書き残してますが、自分をエラく見せるために、立派なカツラをかぶっていたんですよね。

簑原　はい。彼は日本に着いてから人前にすぐに姿を見せませんでしたが、これも彼による一つの芝居でした。

10　戦隊…日本の文献では東アジア艦隊のように「艦隊（fleet）」を通常用いるが、これは明らかに誤訳である。実際はsquadron規模であり、これは戦隊に等しい。なお、米海軍は二十世紀になるまでfleetは設置していない。

11　シーボルト…ドイツ人のオランダ商館医。長崎に鳴滝塾を開いて高野長英らを育てた。文政十一年（一八二八）の帰国の際に、もち出し禁止の日本地図をもっていたため、翌年国外追放された。帰国後、『日本』『江戸参府紀行』などを著し、ヨーロッパにおける日本研究の第一人者となった。余談だが、簑原は二〇〇六年から一年間、シーボルトハウスの真正面のラーペンブルフ通りに居を構えて住んでいた。

本郷　ペリーは日本を研究したうえで、日本人には強く出ないとダメだと考えたわけですね。

簑原　そうです。ただし、彼は国務長官から絶対に戦争に至る行為はするなと念を押されていました。今のアメリカの国力からしてとても日本と戦えるような状態にはないから、交戦状態になるようなことはするなと。実際、補給船を含むわずか五隻（江戸湾に現れたのは四隻）の船で日本を屈服させることなんてできるはずがありません。だからペリーは最大限はったりをかましたわけです。日本から砲撃される危険をおかしてでも測量用のボートを江戸湾深く侵入させたのもこのためです。弱い立場にあるからこそ、自分を強く見せようとしたのです。

とはいえ、日本が開国に応じなければ、カリフォルニア沖に待機している百隻の軍艦が一気に押し寄せ、武力によって日本を開国させるといった彼の脅しは命令違反ですね。明らかに威嚇ですから。でも、日本は遠いので、実際ペリーが何をしているのかアメリカ政府にはまったく知る術はありません。国務長官からの訓令も、ワシントンから香港に届くまでに数か月を要するんです。それも、ペリーが香港まで戻って郵便物を受け取った時点で初めて訓令の内容がわかるわけです。インターネットがない時代、現場の指揮官の裁量は当然大きなものにならざるを得ませんでした。

本郷　なるほど。

簑原　こうした裁量権を武器に自分こそが絶対日本を開国させるという強い決意と使命感をもってペリーは交渉に臨んだのです。

しかし、ペリーにとって不幸だったのは、日本が時間稼ぎ作戦を展開し、この間に本国で大統領が代わってしまったことです。その結果、日本の開国に熱意がないフランクリン・ピアース大統領[12]が就任してしまった。「なんで我々は貴重なリソースを日本開国など意味のない事業に投じているんだ、国益の観点から中国のほうがはるかに大事でうまみがあるじゃないか」という話になってきた。この背景には、英仏と張り合うためにアメリカも中国利権を得るべきだと考える、米政府内の中国派による巻き返しもありました。

本郷　そりゃ、あるでしょうね。

簑原　事実、反対派はペリーにいろいろと横やりを入れるんですよ。たとえば、最新鋭の

12　ピアース大統領…第十四代大統領。対外拡張と南北融和に取り組んだが、奴隷制拡大のきっかけをつくったとして、しばしば史上最悪の大統領の一人に数えられる。

軍艦の合流がものすごく遅れるのも、当時の駐上海アメリカ公使が意地悪をして妨害をしたからなんです。彼らにしてみれば、アヘン戦争で喘ぐ中国の弱さにつけ込み、ハイエナのように利権を貪るまたとない機会としてとらえていたのです。

それに対して、ペリーを送り出したウェブスターは「我々はヨーロッパを反面教師にしているのであって、旧世界のような帝国主義にはならないんだ」という強い意識をもっていた。世界における新たな価値観を築こうとする、時として姿を現すアメリカの特有の使命感ですね。そうしたグループがペリー出航時には優勢だったのですが、フィルモアの退任に伴い、日本開国の意義を見いだせない人たちの方が政策を左右するようになってしまうんです。

本郷　アメリカに帰ってからのペリーの晩年は不遇でしたよね。

簑原　そうですね。晩年はアルコール依存症で苦しみ一八五八年に六十三歳で生涯を終えています。でも、ここで強調したいのは、ペリーがあそこまで開国に必死だったのは、背水の陣だったからということです。ここで自分が失敗すれば、日本の開国というミッションはもうないだろうと。国内は奴隷制をめぐって内向きになる中で、これはワンチャンスなんだと冷静に理解していました。くわえて、ロシアも開国を迫っていたので先を越されてしまうのではないかという焦りも相当ありました。だから、自分は戦争も辞さないという強い姿勢を日本側にあえて見せたわけです。

こういう背景があるにもかかわらず、日本の研究者の間では、日本がうまくペリーを出し抜いて、通商の交渉をあきらめさせたという説がありますが、実情は全然違います。つまり、ペリーがアメリカ国内の中国派のみならず、米世論も相手にして戦っていたのだという視点がスッポリ抜け落ちているんです。日本の外交力という話ではなく、ペリーはアメリカ国内の情勢を見て判断して、自分のミッションを成功させなくてはいけないと考えていたのです。実際、ペリーが成功した背景には、自分のミッションは開国のみ、通商は別のミッション（ハリスが担当）と分けたことが挙げられます。それまでのアメリカの対日政策は、開国と通商をゴッチャにしていたので、この切り分けは目的をはっきりさせたという意味で重要な方針転換でした。

アメリカが日本を植民地化の危機から救った?

本郷　日本の右寄りの人たちがペリーに不満をもつというのはアホらしいですよね。ペリーが弱腰で帰国していたら、ロシアを相手に開国していたかもしれないじゃないですか。

簑原　日本の近代化のタイミングも決定的に遅れていたと思いますね。そうなると植民地化の可能性も排除できません。

本郷　まったくですね。

簑原　たまたまイギリスが、日本にはうまみがないと思って中国に向かったわけなので、単に日本は放置されてラッキーでした。さらに幸運だったのが、日本を植民地にする意思が毛頭ないアメリカが最初に接触して開国に漕ぎつけたのも大きかった。

本郷　それは大きいですね、本当に。ミャンマー[13]の支配においても、イギリスはえげつないことをしていますからね。日本でもあの調子でやられたら、たまったものじゃなかった。ただ、当時のイギリスは日本を植民地にしようという方針はなかったみたいですね。

簑原　うまみがないと思っているからですよ。中国の方がはるかに大きいですから。

本郷　それが普通だよなあ。

簑原　しかし、アメリカは日本に関心をもっていたといっても、ウェブスターをはじめ本当に少数です。なぜ興味をもったかというと、彼らにとって一番近くてアクセスしやすいアジアの国が日本だったからです。

あと、日本の地がアメリカにとって大事なもう一つの理由は捕鯨なんです。アメリカ近海の鯨は乱獲によって獲りつくしてしまった。そこで、どんどん太平洋を西に進んでいったわけですが、遠くに行くためにはどうしても日本に寄港地がほしかった。貯炭施設も必要で、水や食糧も供給してほしい。船を修理する場所も必要ですが、近づこうとすると日本は砲撃してくるのでそれもできない。効率よく捕鯨ビジネスを展開するためには、日本の開国がもっとも合理的だったということになります。

優秀な幕府のテクノクラートたち

本郷　鎖国はなかったという説でいくと、漂流民の扱いはどう説明するのでしょうね。中浜万次郎[14]は、アメリカから帰国したのちに大活躍しましたが、時代が開国に向かっていたからこそ、幕府は万次郎の知識を最大限に利用したわけです。

だけど、ペリー来航前の段階では、たとえばロシア船に保護されてラクスマンに送還さ

13 ミャンマー…一九八九年まで国号をビルマといった。十九世紀、三度にわたるイギリス・ビルマ戦争によりイギリス領インド帝国に併合された。

14 中浜万次郎…ジョン万次郎。土佐の漁師の子。出漁中に遭難してアメリカ船に助けられアメリカで教育を受けた。嘉永四年（一八五一）に帰国後、幕府に重用されて翻訳や軍艦操練、英語教育などで貢献した。

れた大黒屋光太夫[15]は、故郷の伊勢にもほとんど帰らせてもらえず、江戸にとどめられて幕府の監視を受けました。それでも、鎖国がなかったなんてよくいえるなと思いますね。

簑原　万次郎は咸臨丸[16]でふたたびアメリカに渡ります。最近、咸臨丸のアメリカ人艦長の日記が見つかりましたね。日本人が自分たちの手で操船したというふうに伝わっていますが、あれは嘘だったみたいで。

本郷　そうみたいですね。

簑原　みんな船酔いしてしまって、誰も使いものにならないからアメリカの水兵だけで操練したと。でも艦長は、日本人の手で渡海したことにしなくてはいけない、われわれの存在は消そうといって世の中には公表しなかったらしいですね。立派な艦長です（笑）。

本郷　測量方として咸臨丸に乗った幕臣の小野友五郎は、アメリカの艦長と一緒に星を見て、全部航路を割り出した。その計算がよくできているということで艦長にほめられたそうですね。

僕は数学が苦手だから特に思うのですが、当時の武士たちはよく物理なんて理解できたなと思って感心します。当時はアラビア数字じゃなくて漢数字じゃないですか。よくそんな計算ができたなと。

簑原　ローマ数字と同じようにやりにくいですよね。というかほぼ不可能では……。

本郷　だから、幕府のテクノクラートの優秀さというのは、僕はもっと認めなくてはいけないと思っているんです。

簑原　彼らがすぐれていたからこそ、近代化もすぐにできたんですね。日本の教育水準がものすごく高かったのだと思います。

本郷　当時、世界で一番読み書きのできる国民だったというのは間違いないらしいですね。

簑原　日本人が比較的早く西洋にキャッチアップできたのも、そういう素地があったからだと思います。

本郷　幕府は幕臣だけではなく日本全国から優秀な人材を集めて、軍艦の操練などを学ばせました。ペリー来航という外圧が、そういう状況を作り出したのでしょうね。幕藩体制の終わりというのは、まさにグローバリゼーションの波に日本人が敏感に反応した結果、

15　大黒屋光太夫…伊勢出身の船頭。白子浦から江戸に向かう途中で漂流し、アリューシャン列島のアムチトカ島に漂着。ロシア船に救助され寛政四年（一七九二）に帰国したが、生涯、江戸番町の薬園にとどめられた。

16　咸臨丸…幕府がオランダに発注した日本初の蒸気軍艦。万延元年（一八六〇）、日米修好通商条約の批准書交換のため、木村摂津守を提督、勝安房守（海舟）を艦長として日本最初の太平洋横断をなしとげたといわれる。

起こった変革だったのだと思います。

幕府はペリーを開国に利用した？

簑原　日本の開国について、私は日本の支配者層はペリーの外圧を巧みに利用したと思っているんです。

本郷　え、そう来ますか。

簑原　アメリカが日本に来ることは、すでにオランダからの情報でわかっていたわけですよね。

本郷　はい。そうなんです。

簑原　でも、幕府は実際に黒船が来るまで、何も対応しませんでした。それは、幕府があえて受動的に動いたのではなかったかなと。いかにも日本らしいやり方ではありませんか。普通に考えれば、いくらペリーといえども四隻の黒船で日本の支配は到底不可能じゃないですか。

本郷　確かにそうですね。

簑原　先ほどもいったようにペリーはもちろん大ボラを吹きました。カリフォルニア沿岸に大艦隊が待機しているというハッタリが最たる例ですが、そんな脅しだけで日本が開国を受け入れたとはとても思えません。黒船の来航はむしろチャンスとしてとらえ、開国するならこのタイミングしかないというリアリズムを当時の幕府の要人も思っていたのではないでしょうか。

本郷　「鎖国がなかった」という人は、ペリーが来るのを知っていたのも日本がすでに開かれていたからだというんです。そうではなくて、国を開くためにあえて何も対策を練らなかったということですね。

　ペリーが来た時、すでに幕府の上層部は開国やむなしの状況まで追いつめられていたと考えれば、全部説明がつきますね。

簑原　これは大変革ですが、ペリーによる外圧を理由に使えば開国する大義名分ができるわけです。極めて日本的なやり方だと思いますが。

本郷　うーん、なるほどなあ。

簑原　一方、ペリーが成功した理由は、周到に準備して臨んだことに加えて、日本人に対してリスペクトがあったためだと思います。

　ペリーの『日本遠征記』を読むと、彼はすごく日本に魅せられていたことがわかります。

日本人は教育水準が高く、丁寧で親切だと。また、非常に清潔で、ここまでお風呂に入る民族は、ほかにいないのではないかとも書いています。ただ、男女が一緒にお風呂に入る風習は、キリスト教の観点から非文明的と否定的ですが（笑）。それでも、トータルでは日本人の国民性をポジティブにとらえているんです。

そもそも、ペリーは日本行きを決めた一八五一年の時点で、早くも日本は間違いなく東洋を引っ張っていく大国になるといいきっているんです。当時、そう思っている西洋人はほぼ皆無でした。アジアの代表は図体の大きい中国だと思っていましたからね。そういう意味で、ペリーには先見の明があったのは間違いありません。

本郷　ペリーが好きになりそうです。

簑原　とりわけ強調したいのは、アメリカが力ずくで日本を開国させたという歴史認識は修正する必要があるということです。この考えがいかに根拠がないかは、このあとにやってくるハリスの行動をみれば一目瞭然ですね。

第八章

ハリスと日米修好通商条約

――世界に開かれた日本――

時代を読む

ハリスの来日と攘夷運動の高まり

日米和親条約締結から二年後の安政三年（一八五六）、アメリカ総領事のタウンゼント・ハリスが通訳のヒュースケンとともに来日した。下田の玉泉寺に入ったハリスは、天城峠を越えて東海道から江戸に入り将軍・徳川家定に謁見。老中首座の堀田正睦を訪問し通商条約の締結を求めた。正睦は国内世論をまとめるため朝廷の勅許をえようとしたが、異国を嫌悪する孝明天皇や公家によって退けられる。

同五年、第二次アヘン戦争でイギリス・フランスが清国に勝利すると、ハリスは英仏の侵略の可能性を説いて条約締結を強く迫った。交渉役の幕臣・井上清直と岩瀬忠《ただ》震《なり》は、延期を主張する大老・井伊直弼の意向を無視して日米修好通商条約に調印したが、それは領事裁判権や関税自主権がなく、片務的最恵国待遇（他国への優遇措置と同条件の待遇を相手国に与えること）を含む不平等条約であった。幕府はオランダ・ロシア・イギリス・フランスとも条約を結び、日本は世界市場に組み込まれた。

しかし、勅許のない条約調印は批判を浴び、対外貿易に伴う経済の混乱や物価上昇は外国人への反感をつのらせ、激しい攘夷運動が展開された。万延元年（一八六一）十二月、ヒュースケンが薩摩浪士に斬り殺されたのをはじめ、薩摩藩によるイギリス人殺害（生麦事件）、長州藩士によるイギリス公使館焼き打ち事件などが起こった。井伊直弼の暗殺、公武合体の失敗などで幕府の権威が低下するなか、政局の中心は京都に移り、一時は長州藩をはじめとする攘夷派が優勢となった。しかし文久三年（一八六三）、長州は薩摩と会津のクーデターで京を追われ翌年の禁門の変で敗北し長州征討を決定した幕府に屈する。列強諸国は薩摩や長州を砲撃により屈服させ、兵庫沖に軍艦を進めて朝廷に圧力をかけ、攘夷方針の撤回、関税率引き下げを実現した。

貿易不平等の拡大や長州再征の決定などにより幕府への不満がうずまくなか、長州と薩摩が同盟を結び討幕の機運が高まっていく。幕府は将軍・徳川慶喜のもとフランスと結んで軍備の近代化を図るとともに、大政奉還によって表向き政権を朝廷に返上して討幕派を牽制した。しかし、薩長は岩倉具視と結んで御所を占拠し、王政復古の大号令を発して新政府を樹立。慶喜に辞官・納地を求めた。慶応四年（一八六八）一月、鳥羽・伏見において旧幕府方と新政府軍の間で戦端が開かれ戊辰戦争が勃発。翌年五月の箱館における旧幕府軍の降伏まで、東日本を中心に激戦が繰り広げられた。

自ら望んで来日したハリス

簑原　ペリーの役割はあくまで開国であり、そのため通商の交渉を行う駐日総領事の受け入れを幕府に認めさせる必要がありました。その約束の取りつけに成功したペリーの任務はその時点で終わり、代わってハリスが通商交渉のためにやってきます。

おもしろいのは、アメリカの最新鋭軍艦を引き連れてきたペリーと対照的に、ハリスは軍人による警護など一切なく、通訳のヒュースケン[1]のみを連れてきたことですね。半年後にまた寄港しますといい残され、たった二人の民間人が米軍艦から降りたったわけです。

本郷　丸腰ですもんね。度胸があるなあ。

簑原　これはすごいことですね。いまだに不思議です。ハリスはここまで危険を冒して交渉役をよく引き受けたと思います。日本の統治システムに対してそれなりの信頼があったのでしょうか。

本郷　それはどうでしょうね。当時江戸の治安は悪かったし、それこそのちにヒュースケンが殺されているわけですから。彼を斬ったのは伊牟田尚平[2]という人ですが、本当にただのチンピラですからね。

簑原　どこの藩の人ですか。

本郷　薩摩の出身です。西郷隆盛はそういう愚連隊みたいなやつを手下にして、江戸の治安を悪くしていたんです。伊牟田なんか、何も抵抗しない外国人を斬っちゃったわけですから。伊牟田と益満休之助[3]、相楽総三[4]あたりが陰で動いて江戸の治安を悪くしていたらしいですね。

一番有名なのが相楽総三の赤報隊です。戊辰戦争[5]で西郷が東海道をのぼって江戸を攻めた時、相楽総三は赤報隊を引き連れて中山道を行くわけですよ。それで、新政府が天下を

1　ヒュースケン…オランダ人通訳。ハリスとともに来日。日本とイギリス・プロイセンとの修好通商条約にも協力した。
2　伊牟田尚平…薩摩藩喜入郷領主肝付氏の家臣の子。尊王攘夷をめざし清河八郎や平野国臣らと交わる。西郷の庇護を受け益満休之助らとともに江戸市中のかく乱工作を行った。
3　益満休之助…薩摩藩士。江戸で暗躍後、捕らえられ勝海舟に預けられる。新政府軍の江戸総攻撃直前、幕臣・山岡鉄舟を連れて駿府総督府に赴き西郷と引き合わせる大役を果たした。
4　相楽総三…江戸出身の尊攘派志士。赤城山で挙兵し失敗したのち西郷の命で赤報隊を結成、新政府軍の先鋒となったが偽官軍として処刑された。
5　戊辰戦争…旧幕府軍と新政府軍との間で行われた内戦。鳥羽・伏見の戦いに始まり、上野戦争、北越戦争、会津戦争など各地で激戦が繰り広げられ、箱館・五稜郭の戦いにおける旧幕府軍の降伏により終了した。

とったら年貢を半減するとか勝手にいって。実情は少し違うんだという話も出てきていますけど、ともかく信州の諏訪まで行ったところで偽官軍として処刑されるんです。

簑原　へえ。でもヒュースケンを殺害したのは江戸幕府関係者ではないという意味で、いわば事故ですね。つまり、テロに遭遇したような状況です。

本郷　伊牟田はその話を聞いて相楽を助けに行ったのですが、間に合わずに帰ってきたところを捕らえられて、いろんな罪をでっちあげられて切腹させられた。口封じですね。

益満休之助は東京の上野戦争[6]の時に、どこかから飛んできた弾に当たって死んでしまいました。これも口封じです。だからどうも西郷さんには、何か黒いイメージがあるんですよね。

簑原　そうですか（笑）。宮崎県南部を訪れた際に地元の人たちもそのようなことを言ってました。偽札の流布についてでしたかね。

本郷　なかでも僕が嫌なのは、ヒュースケンを斬ってしまったことですよね。本当におかしいと思いますよ。ともかく、そういう時代だったので、ハリスも命がけだったと思います。本当によく来てくれたという感じですね。

簑原　当時の日本行きは完全に『インディ・ジョーンズ』並みのアドベンチャーですね

（笑）。非文明の地というイメージをもたれていたわけですから。しかも遠い。それなのにハリスは、国務長官に何度も懇請し、頼むから初代公使として日本に赴かせてくれとお願いしたんです。国務長官からみても、意欲があるし、頭はいいし、貿易商だったのでアジアについても知識はある。しかも独身だから、一番適任だと判断したわけです。

本郷　殺されても誰も嘆かない。

簑原　そうです（笑）。彼がやりたがっているわけですから。それなら、ほかになりたい人もいないのでどうぞということになった。

ハリスはイギリス嫌いの親日家

本郷　ある意味、ハリスがアメリカ側の交渉の当事者だったことは幸いでしたよね。

簑原　ハリスはイギリスが大嫌いなんですよ。いわゆる、アングロフォーブ（嫌英主義者）。

本郷　そうですか。そういうイメージはもちにくいなあ。

6　上野戦争…慶応四年（一八六八）五月十五日、旧幕府方の彰義隊と新政府軍により江戸・上野で行われた戦い。彰義隊は寛永寺を屯所として抵抗したが、長州出身の大村益次郎の策略により一日の戦いで壊滅した。

簑原　因みに、ペリーもイギリスが嫌いでした。そういう人は、たいていイギリスに対してライバル心をもっていて、イギリスから日本を守らなきゃいけないという思いがあるんです。

本郷　へえ。米英というとついラブラブだと思っちゃうけど。

簑原　ハリスは日本に着いた時の日記に「今日からようやく自分の真の仕事が始まる。イギリスによる植民地争奪戦から日本を守ることが自らの最大の使命だ。神の加護あれ」とつづっている。これは彼の率直な気持ちだったと思います。

本郷　それは日本にとってすごいラッキーでしたね。

簑原　もちろんラッキーです。ハリスははっきりいって立派な変人ですけどね（笑）。

本郷　天城越え[7]を自分で歩いたらしいですね、年をとっているのにエラいなと。

簑原　関所を通してもらえなくて、持ち物を検査されそうになったんですね。それに対してハリスは「俺には外交官特権がある、俺の持ち物を見ちゃいけないんだ」とか、国際法についていろいろと丁寧に教えている。

本郷　やっていますね。

簑原　ヒュースケンが亡くなったあともハリスは頑張っています。イギリスをはじめ他国の公使は、みんな日本への制裁として江戸から離れたんです。巨額の賠償金や土地をくれなければ江戸には戻らないぞと。それに対してハリスはそうした要求は根拠がなく「ナンセンスだ」といって踏みとどまるんです。自分の通訳が殺されたというのに。ハリスはイギリスやフランスの行動を批判して、ヒュースケンの生涯給与プラスアルファを遺族に払えば、この件については問題にしないと幕府に伝えました。幕府が悪いわけではない、これは個人の犯罪であると割り切って。

本郷 あまりにもフェアですよね。

簑原 フェアですし、英仏のように上から目線でいわないんです。にもかかわらず、私はある小説で読んだのですが、ハリスが金銀の交換レートを外国が有利になるように変えて莫大な富を得たという話があります。

それが事実だったとしても、私は何ら問題ないと思います。日本の資産が減るような仕かけではないですし、アメリカからの仕送りがほとんどないなかで、どうにか資金的にや

7 天城越え…静岡県の伊豆市と賀茂郡河津町の境にある峠を越える道。伊豆の下田と三島を結ぶ下田街道の途中に位置する。

り繰りする必要があった。決して懐に入れていたわけではないと思います。現に派手な生活はしていません。

本郷　ハリスが個人的に相場を利用してもうけたのは事実でしょう。ただ、交換比率が変わったことで、当時の日本の金銀がごっそりなくなったというのはウソですよ。もとの交換比率が世界基準でないことは、幕府の人々も知っていました。

簑原　日本の銀の価値が高すぎたんですよね。

本郷　そうです。もともと日本の金と銀の交換率が、金一に対して銀五だったんです。

簑原　そのレートであれば私も交換したいです（笑）。

本郷　でも、世界では金一に対して銀十五になる。

簑原　そのくらいでしたね。最近のレートでは、金の方が銀より八十倍ほどの価値ありますが。

本郷　この交換レートをうまく使って、ハリスが丸もうけしたという話になっていますが、それを責めるほど幕府もバカではないでしょう。

簑原　まったく同感です。

アメリカと日本の絆

簑原　ハリスの奔走によって安政五年（一八五八）、日米修好通商条約が調印されます。その批准書の交換のため、万延元年（一八六〇）に幕府は遣米使節を送りました。咸臨丸がアメリカに着いた時、アメリカ人はものすごく誇りに思ったらしいですね。自分たちが日本を開国させたという思い入れがあったことで、日米間の絆が萌芽しました。

　この時、日本の使節は大統領にも会っていますが、一般アメリカ人が大統領とフラットに会話しているのを見て驚愕しています。日本の将軍に匹敵する地位にかかわらず、まわりと普通に会話をしている。日本の特権階級の人々が初めてアメリカの平等主義に触れた瞬間でした。君臣の関係については、ヨーロッパの方が日本に近いじゃないですか。

本郷　イギリスは完全に階級社会ですからね。

簑原　こうして日本とアメリカの友好関係が築けたにもかかわらず、百年もたたないうちにあのような不幸な戦争をしてしまうことになった。

　私は幕末から現在まで、日本外交にとって日米関係を超える対外関係はなかったと考えています。しかし、両国関係を消極的に評価する人も少なくありません。

一九九〇年代前半に、アメリカの修正主義学派[8]の有名な歴史家にウォルター・ラフィーバー[9]という人がいます。彼は東アジアの専門家ではなかったものの、ウィスコンシン学派に属していました。アメリカではハーバード大学やエール大学、プリンストン大学などがエスタブリッシュメント的な存在です。そのアンチテーゼとして米中西部のウィスコンシン大学が台頭したのですが、彼らは定説の逆をつくのを好みました。だから修正主義者と称されるのですが、彼らはアメリカの歴史解釈をどんどん変えていきました。

たとえば、アメリカの西部進出は経済的利益の追求が目的だったという具合に、ニューレフト（新左翼）の発想で歴史を解釈し直したのです。そうした進歩主義が浸透していくなかで、ラフィーバーも日米関係は衝突の歴史でしかないといい出しました。

ペリーが力ずくで日本を開国させ、戦前は日系移民に対する差別問題で反米感情が生まれ、真珠湾攻撃から太平洋戦争が始まり、戦後は貿易摩擦が起こったと。彼の『クラッシュ（*The Clash*）』（邦訳は『日米の衝突』彩流社刊）という本を、私は大学院時代に読んだんですが、これは間違っていると強く思いました。根拠なきバイアスをたっぷり含めて歴史を書いたら、新説なんていくらでもできますよね。

本郷　確かにそうです。

簑原 日米関係が特殊であったのは事実ですが、太平洋戦争という大きなクラッシュがあったからそういう印象を受けてしまうだけで、実際は友好的な関係が基調だと思います。

本郷 令和三年（二〇二一）のNHK大河ドラマの主人公になった渋沢栄一[10]も、いろいろなかたちでアメリカに尽力していましたよね。

簑原 不思議なのは、十九世紀に日本人と接触したアメリカ人の文書を見ると、人種差別の要素が見当たりません。つまり、対等に見てるんですね。おそらく、当時のアメリカ人は初めて日本人と会って、極めて高い文化水準にあることを認識したのだと思います。中国に対する印象とは全然違うんですね。

8 修正主義学派…ウィリアム・A・ウィリアムズによって創始された学派。アメリカの膨張主義を冷戦の原因とみなすなど修正主義的な学説を提示した。ニューレフト史学、ウィスコンシン学派とも呼ばれる。

9 ウォルター・ラフィーバー…ウィリアムズに師事し、四十年以上コーネル大学で教鞭をとった修正主義学派の歴史家。著書『日米の衝突』（"The Clash: U.S. - Japan Relations Throughout History"）によりバンクロフト賞を受賞。

10 渋沢栄一…武蔵の農家出身。一橋家に仕え、維新後、株式会社や銀行、東京商法会議所（東京商工会議所の前身）の創設に尽くし「日本資本主義の父」と称された。たびたび渡米して大統領と面談し、各地を遊説して日米関係の発展に努めた。

一八七九年にユリシーズ・グラント大統領[11]が来日しました。中国経由でやって来たんですが、中国については辛辣なことを回想録につづっています。町は不潔、人は嘘つきだと。そのあと日本を訪問して、「文明」を感じたと書いている。そういう印象を率直にもったというのはおもしろいですね。

日本はイギリスをどう見ていたのか

本郷 アメリカは戊辰戦争のあたりになると、突然、存在感がなくなるじゃないですか。

簑原 南北戦争[12]が起こったからです。アメリカは国内問題への対処で精一杯となりました。いまだにアメリカ史上、最も多くの人命が失われた戦争ですからね。

他方、当時の日米の国力差を比較すると興味深い事実が浮かび上がります。一八五〇年代まで、アメリカより日本の方が人口も多く、ＧＤＰも上回っていました。[13]

本郷 そうなんですか。幕末の日本の人口はだいたい三〇〇〇万人ですよ。

簑原 アメリカはそれより約七〇〇万人少ないです。

本郷 そうなんだ。それは驚きだなあ。

簑原 もちろん面積は日本の比ではありませんよ。この広大な土地に住む人が少ないといいうことが当時のアメリカが抱えていた悩みですからね。だからこそヨーロッパからの移民がとても大事だったんです。

本郷　日本はずっと増えなかったのですが、江戸時代に人口爆発が起こって二五〇〇万になったんです。百年間で倍以上になった。

簑原　平和な時代でしたからね。

本郷　その後も増え続けて、明治維新を迎えるころにはだいたい三〇〇〇万人くらいになっていました。

簑原　ならこのあたりでアメリカは日本を初めて抜いたことになります。一八七〇年の国

11　グラント大統領…十八代大統領。南北戦争では北軍の総司令官として勝利に導く。引退後の明治十二年（一八七九）に訪日して明治天皇と会見した。

12　南北戦争…一八六一～六五年に行われたアメリカの内戦。奴隷制の存続と自由貿易を主張する南部と、奴隷制の不拡大と保護貿易を主張する北部が争い、リンカーン大統領のもと、奴隷解放宣言を発した北部が勝利した。

13　一八五〇年代の米国勢調査で同国の人口は約二三〇〇万人（推定三二〇万人の奴隷も含む）。なお、一八四〇年の国勢調査では一七〇〇万人。わずか十年で人口が約三六％増加したことになる。一八六〇年の国勢調査でアメリカは初めて三〇〇〇万人の大台を突破するが、これまた十年で三五％の驚異的な伸び率である。

勢調査時点で人口は三九〇〇万人に達していますので。

本郷　そうなんだ。

簑原　他方、経済力はそこそこです。理由の一つは南北戦争ですよね。特に南部の工業や交通インフラは徹底的に破壊されましたから。でも、南北戦争から二十年以上が過ぎた一八九〇年代後半には、アメリカは一人あたりのGDPでついにイギリスを抜きます。イギリス人はまだ自分がトップだと自信たっぷりですが、アメリカは確実に総合力で差を縮めていました。現在の中国がアメリカを追いかけている感じに似てますね。

本郷　それは考えたこともありませんでした。

簑原　ただ、私が疑問に思っているのは、当時の日本人は西洋世界が覇権移行期にあったことを果たして認識していたのか否かということです。イギリスはもう衰退局面に差しかかろうとしている覇権国であって――第一次世界大戦がイギリスにとって大打撃となります――それに取って代わる形でアメリカが台頭してきた事実を、当時の日本人がどこまで正確に認識していたか。

少なくとも、一八九〇年代のほとんどのイギリスのエリートたちはこうした現実に気づいていませんでした。イギリスの覇権はずっと続くと思って、すごくアメリカ人をバカにしていたんです。今の一部のアメリカ人も自国の覇権は永続すると考えていますが……。

本郷　明治維新を迎えた時、日本の支配層は自分たちのアイデンティティーを歴史と天皇の存在に求めて、なるべく日本の歴史を古くから続くものとしようと画策しました。それで結局、皇紀[14]を西暦の紀元前六六〇年までさかのぼらせたのですが、それを考えると、伝統のあるヨーロッパへの傾斜の方が強かったのではないでしょうか。西洋の覇権交代までは考えていなかったと思います。

簑原　共和国のアメリカと異なり、イギリスには王室があるから、日本人はイギリスに親近感をもったんでしょうね。

今でも一部保守層の間では日英同盟を求める声がありますよね。今、イギリスと手をつないでも日本にはさほど大きなメリットはないと思いますが。お互い斜陽国家ですし、日本は経済学者から「衰退途上国」と呼ばれていますしね。

本郷　実際、知り合いのイギリス人にも、日本は天皇がいるから信頼できるという人もいます。日本には長い歴史があって、天皇が続いていてすごいねと。でも、われわれが天皇

14　皇紀…『日本書紀』が記す初代・神武天皇の即位（紀元前六六〇年二月十一日）を元年として制定された紀元。

の存在を高く評価してしまったら、もう歴史の研究者としてアウトですからね。

ドイツを模範とした明治の元勲の慧眼

簑原　もう一つ、十九世紀後半のヨーロッパを大きく変えたできごとがドイツ帝国[15]の建国です。ヨーロッパのど真ん中に強国が誕生したわけですから、覇権国だったイギリスにとっても必然的に脅威にならざるをえない。

大国の意識が芽生えたドイツは、東アジアにも関心をもちました。パプアニューギニアにビスマルク諸島という地域がありますが、どんどん太平洋に勢力を拡大していった。それをみたイギリスは焦り、カウンターとして日本と組む道を選択したのです。

本郷　なるほど。

簑原　太平洋戦争の話に飛んでしまいますが、私は日独伊が手を組んだのはある意味で合理的だったと思うんです。一歩遅れて近代国家をめざした第二集団同士ですよね。

本郷　確かに。

簑原　独伊のいずれも十九世紀半ばの建国です。近代国家になった時点で、イギリスとフランスは世界の規範を作ってしまっていました。今の中国と似てますが、追いかける国にとって、既存の規範は都合が悪いから変えていきたい。第二集団が手を組んで自らの国益をより反映する新たな国際秩序を築こうとするストーリーなのかなと思うんです。

本郷　イギリスの凋落との関連でいうと、明治の元勲たちは、よくドイツを模範にすべきだと見抜きましたね。

簑原　そうですね。

本郷　明治維新を進める日本にとって、新興国であるドイツはまねしやすかったのでしょうか。

簑原　間違いなく勢いはありましたよね。一九三〇年代前半までは、多くのアメリカ人もドイツに留学していましたから。世界中の留学生がドイツをめざしていた時代です。

本郷　戊辰戦争の時、新政府に対抗して奥羽越列藩同盟[16]ができるのですが、彼らはドイツから金を借りようとしていたらしいですね。

15 ドイツ帝国…プロイセン首相のビスマルクによってドイツが統一された一八七一年、ヴィルヘルム一世を皇帝として建国。ドイツ革命で帝政が倒される一九一八年まで続いた。

16 奥羽越列藩同盟…戊辰戦争のさなか、新政府に対抗するために東北・北陸諸藩が締結した同盟。新政府軍の攻勢により脱退が相次ぎ、会津落城の直前、仙台藩・米沢藩の降伏により崩壊した。

簑原　そうなんですか。

本郷　でも、戊辰戦争のころのドイツは、まだ日本まで影響力を及ぼすことはできませんでした。その後、岩倉使節団[17]がヨーロッパに渡った時、ドイツは非常に巨大な存在となっていた。

簑原　普仏戦争[18]でフランスが負けたのが、一つの転換点になりましたよね。ただ、よくなかったのは、日本は海洋国家をめざすべきなのにドイツ式の大陸国家を模範にしたことにあったと思います。だから、日本では陸軍の存在が大きくなってしまったのかもしれません。

日本の政軍関係[19]もドイツ・モデルですよね。ただ、ドイツの政軍関係がうまくいったのは、ヴィルヘルム一世という強烈な皇帝がいたためです。それに対して、日本の天皇はドイツ皇帝のような絶大な権力をもっていませんでした。軍人たちが軍隊を掌握するために、弱い天皇を戴いておいた方が都合がよかったわけです。天皇は軍の編成にまで口出ししないですからね。

本郷　なるほど。それはそうです。

簑原　外国から何かを学ぶ時、自分に都合のいいところだけをつまみ食いしていくという日本的な方法が、ドイツとの関係においてもみられるのではないでしょうか。

17 岩倉使節団…明治四~六年(一八七一~七三)に欧米十二か国を歴訪した使節団。岩倉具視を全権大使として木戸孝允・大久保利通・伊藤博文らが随行し、ヨーロッパの制度や文化の調査、留学生の派遣などを行った。

18 普仏戦争…一八七〇~七一年にわたる、ビスマルク率いるプロイセン軍がフランス軍を破った戦い。フランスはアルザス・ロレーヌ地方を割譲し、ナポレオン三世による第二帝政は崩壊した。

19 政軍関係…社会と軍隊、文民と軍人の関係を示す概念。

第九章

日清戦争と日露戦争

——東洋の盟主へ——

時代を読む

世界を驚かせた日露戦争の勝利

慶応四年（一八六八）、明治政府は列強諸国に対して天皇を主権者とする新政権の樹立を宣言し、近代国家建設に向けた歩みがスタートする。国家権力は中央政府により掌握され、討幕に貢献した薩長土肥の有力者が実権を握った。版籍奉還が行われ大名・公家は華族、武士は士族とされ、廃藩置県で府県が地方行政の単位となった。

政府は西欧列強に肩を並べるため富国強兵と殖産興業を推進。軍需工場や造船所の整備、製紙・紡績などの官営工場の運営、鉄道の敷設などが行われた。西洋文明の受容も積極的に行われ、「文明開化」の風潮のもと自由主義など西洋の近代思想が流行する一方、神仏分離令により神道が国教とされ廃仏毀釈が行われた。明治十四年（一八八一）には自由民権運動の高まりを受けて国会開設が決められた。同二十二年には大日本帝国憲法が制定され、神聖不可侵とされた天皇が統治権を総攬することが定められた。

対外関係は清国と朝鮮との関係が焦点となった。同九年、日本は朝鮮を無理やり開国させて不平等条約を結んだが、朝鮮を影響下におきたい清国との間で対立が深まっていく。朝鮮の反日勢力と結んだ清国が攻勢を強めるなか、一八九四年、朝鮮で農民の反乱が勃発（甲午農民戦争）。鎮圧のために出兵した日清両国は、朝鮮の内政をめぐって対立し、イギリスの支持をえた日本は清に宣戦布告し日清戦争が勃発する。

近代的な装備により組織化された日本軍はたちまち清国軍を破り、清国全権・李鴻章との間で下関条約が結ばれた。日本は台湾や遼東半島を得たが、アジア進出をめざすロシア・フランス・ドイツの圧力を受け（三国干渉）、半島の返還を余儀なくされた。これを機に西欧列強は次々と清国に進出し、各地を勢力下においた（中国分割）。

戦後、清国では排外主義団体の義和団が台頭し、列強に宣戦を布告したが、またたく間に鎮圧される（北清事変）。これを機にロシアは満州に進出し、大韓帝国（朝鮮）を支援して日本に圧力をかけた。日本は韓国に対する権益を守るためロシアと交渉を続ける一方、同三十五年（一九〇二）、日英同盟を結んでロシアの脅威に備えた。

しかし交渉は決裂し、同三十七年、日露戦争が勃発。翌年、旅順の要塞を攻略した日本は、日本海海戦でロシアのバルチック艦隊を撃破した。しかし、長期の戦争に耐えられず、アメリカの仲介によりロシアとポーツマス条約を結び講和。日本は韓国に対する監督権や清国・樺太の権益を獲得し、大陸進出の足がかりをえた。

日本の植民地支配はすべて〝もち出し〟

簑原　日清戦争によって日本は初めての植民地を手に入れました。単に植民地と称していいのか、私にはわからないのですが。

植民地時代の台湾[1]に対して、莫大なインフラ投資をしてあげたという日本人が時々いますが、べつに慈善事業としてやっていたわけではありません。絶対に手放すことのない自国の一部だと思って投資しているわけで、よくそんな恩着せがましいことがいえるなと思います。

その意味で、われわれが一般的に使うヨーロッパ型の植民地とはやや性質が違うのかなと思います。ヨーロッパの植民地はいかにぶん捕るか、搾取できるかが主目的になります。イギリスなんてダイソンの掃除機のようにぺんぺん草まで吸いあげる。日本の場合、満州も朝鮮半島も、それから南洋も、どれ一つペイしていない。もちろん、だからといって決して穏健な支配だったわけではないですが。

本郷　全部もち出しですね。

簑原　自己負担で〝自国〟へのインフラ投資をしているから寛大になるんですよね。日本の一部であるならケチる必要もない。もちろん、いずれはリターンはあると信じているわけです。

本郷 当時の朝鮮半島や台湾は、マーケットとして成熟していなかったじゃないですか。そこをとっても商売にならないから、いろいろなかたちで日本がインフラを整えた。だから、日本が与えたような感覚になるんでしょうね。

日本は本当に韓国を併合する意味があったのかという話もありますよね。当時の韓国の産業は問屋制家内工業[2]のレベルにも達していなかったので、植民地としてはほとんどうまみがなかったともいわれています。

韓国人が怒るのもしかたないと思うのは、創氏改名[3]とかやっているじゃないですか。あ

1　台湾…下関条約により日本敗戦までの五十年間、日本の統治下におかれた。当初は反乱勢力が台湾民主国の樹立を宣言するなど抵抗運動が起こったが、民政局長・後藤新平のもとで警察力の強化、台湾銀行の設立などが行われ支配は安定していった。

2　問屋制家内工業…問屋から原料や道具を借りて、労働者や農民に製品を生産させ買取・販売する事業形態。

3　創氏改名…朝鮮人の氏名を日本風に変えさせること。昭和十四年（一九三九）、朝鮮総督府の指令により植民地下の韓国で始められた。

あいうアイデンティティーをつぶすようなことをしたら誰だって怒りますよ。そうしたいろいろな意味で韓国併合[4]なんて、やらなければよかったと思います。

日本人の対中意識を根底から変えた日清戦争

篠原　日清戦争の重要な点は、日本の中国に対する尊敬の念がなくなった瞬間だったということだと思います。

本郷　歴史的に、まさにそれ！

篠原　清があっさり負けて、自分たちのほうがすぐれているじゃないかと考えるようになった。

本郷　日本にとって中国はずっと「兄さん」でしたからね。

篠原　そうです。

本郷　「兄さん」といって、ずっと尊敬してきたのが日清戦争でガラリと変わってしまった。尊敬していたお兄さんをボコっちゃったわけですから。そこから日本がおかしくなったような気がします。

篠原　おっしゃるとおり、日本の対中姿勢が一変しましたね。

本郷　対中姿勢だけではなく、変なプライドをもってしまったというか。

簑原　これからアジアを牽引していくのは日本人だという気持ちでしょうか。

本郷　そう、その感覚です。

簑原　おもしろいのは、中国に対する優越感に浸っている時に三国干渉[5]にあいますよね。日本は国力の限界を痛感させられた。これもすごい外圧ですよね。でも、臥薪嘗胆以外どうにもできない。これが、日本にとって富国強兵のモチベーションになったのかなと思います。もっと強い国にならないと弱肉強食の世界では生存していけないと……。

本郷　清朝は太平天国の乱[6]に際して、湘軍と淮軍《わいぐん》[7]という私設軍隊を作って撃退しましたが、

4　韓国併合…明治四十三年（一九一〇）、韓国併合条約に基づいて日本が韓国の主権を奪い植民地化したこと。韓国は日本敗戦までの三十五年間、朝鮮総督府の支配を受けた。

5　三国干渉…東アジアへの進出をねらうロシアの主導によりドイツ・フランスの三か国が、遼東半島の返還を日本に要請した事件。政府はやむなく従ったが国民の憤慨は大きく、「臥薪嘗胆」の合言葉のもと軍備の拡張がはかられた。

6　太平天国の乱…一八五一年、清朝の打倒を目的として洪秀全により組織された革命政権。南京を首都として十数年存続したが、曽国藩や李鴻章らによって鎮圧された。

7　湘軍と淮軍…湘軍は清の曽国藩が故郷の湖南省で組織した義勇軍。淮軍は李鴻章が湘軍を参考に安徽省で創設した義勇軍。太平天国との戦いをとおして清朝最強の軍隊となったが、日清戦争と義和団事件で壊滅した。

けっして近代的な軍隊ではありませんでした。太平天国のような国内の反乱には対処できても、近代化を進める日本との戦争では、まるで歯が立たなかった。そういう弱い軍隊に勝ってしまったことが、日本にとって大きな分岐点になったのかなと思います。そのうえさらに、三国干渉という屈辱的な事件が起きた。

簑原　歴史の皮肉というか。自分たちはできるんだと思った瞬間に、世界との実力の差を思い知らされたわけですね。

戦争をしたかったのはロシアの方だった

本郷　それでも日露戦争に対しては、伊藤博文[8]などは最後まで反対だったわけですよね。勝てるわけがないと考えていたわけじゃないですか。

簑原　その判断は正しかったと思います。

本郷　当時の日本の主戦派は誰だったのですか。

簑原　戸水寛人《ひろんど》に代表される帝国大学七博士や小村寿太郎[9]、林董《ただす》[10]、桂太郎[11]などですが、一番は小村ですね。彼がいなかったら、あそこまでガンガンいってなかっただろうと思いますよ。小村は日本の命運を大陸に見いだしていましたから。あと当時の国内世論も開戦支持が占めてましたね。

本郷　どう考えても勝てるわけがないのに、よく開戦に踏みきったなと思います。

簑原　私には真珠湾攻撃と重なるんです。相手を倒して征服するという勝ち方ではなく、交渉のテーブルにつかせるという勝ち方をめざした。相手を不意打ちで殴っておいて、ころあいを見はからって、じゃあ座って話しましょうと。

本郷　真珠湾では失敗しましたね。

簑原　伊藤博文について研究している学者はたくさんいますが、彼らはいつも、日露戦争は無意味だった、伊藤は正しかったというんです。そうした意見に私も反対しませんが、一方でロシアの立場も考えないといけないと思うんです。

8　伊藤博文…松下村塾で学び井上馨らと渡英。岩倉使節団では副使として欧米を視察した。のちに憲法調査のために渡欧し帝国憲法の起草を主導。内閣制度を整備し初代総理大臣となるが、ハルビンで韓国人に暗殺された。
9　小村寿太郎…明治の外交官。ハーバード大に留学後、外務官僚や外相などを歴任し、日英同盟の締結、ポーツマス会議の全権、条約改正、韓国併合などに取り組んだ。
10　林董…幕府の留学生としてイギリスに留学。新政府に入り駐英公使として日英同盟締結に尽くした。
11　桂太郎…山縣有朋のもとで陸軍の改革に尽力し日清戦争にも従軍。三度、組閣して日露戦争や日韓併合を主導した。

ロシアはもう日本を完全にナメていますから、戦争をやりたいわけですよ。だから、日本としてはいくら戦争を回避したいと思っても、ケンカを売られた以上、屈服したくないならやるしかない。つまり、自衛のための戦争ですよね。

本郷　そういう性格があるのか！

簑原　その意味では、太平洋戦争とは違うと思うんです。ロシアはアメリカとは異なり、日本の利権を奪うつもりでした。伊藤流のやり方で対処しても、戦争の時期が少し遅れただけなのかなと思います。

ロシアは朝鮮半島の支配を考え、かつ不凍港を求めていました。たまたま日露戦争の前年が大寒波で、ロシアの港が全部凍ってしまったんです。それがロシアの主導部にとっては非常にトラウマになりました。これはやばいと。だから、凍らない朝鮮半島の港を手に入れようということになったのです。

本郷　結局、ロシアの南下は失敗して、日本が朝鮮を統治することになるわけですよね。それが、今日の日本と韓国とのいざこざにつながるわけです。

乃木希典は愚将だったのか？

簑原　ヨーロッパにも日露戦争の伏線になる構図がありました。まず、ドイツ皇帝・ヴィルヘルム二世がアジアの脅威を説く黄禍論[12]を提唱して、いとこのロシア皇帝・ニコライ二世[13]に対して、日本と戦争するようたきつけるんです。

実は、ヴィルヘルム二世が恐れていたのはロシアの方でした。ヨーロッパに来てほしくないから、東に向かうよう誘導したんです。

本郷　でも、乃木希典[14]はよく二〇三高地で勝てましたよね。トーチカに隠れた敵に機関銃を向けられてバババババッと撃たれたら、普通、勝ち目はないと思いますよね。よく総攻撃に踏みきれたなと思います。実は優勢な火力の援助があった、という説もありますが。

簑原　司馬遼太郎は『坂の上の雲』[15]で、多くの戦死者を出したといって乃木を批判してい

12　黄禍論…黄色人種が白人の脅威となるという主張。ヴィルヘルム二世は画家・クナックフスに「黄禍の図」を描かせロシアに送り日本の脅威を説いた。

13　ニコライ二世…帝政ロシア最後の皇帝。第一次世界大戦で連合国としてドイツを攻撃し戦局拡大の要因をつくる。一九一七年の二月革命により退位しロマノフ朝は崩壊した。

14　乃木希典…もと長州藩士。戊辰戦争や西南戦争、日清戦争に従軍。日露戦争では第三軍司令官として要衝の二〇三高地を制圧し、ロシアの太平洋艦隊の基地である旅順を攻略した。

ますが、あの場面では正面突破しかありません。エアパワーがない時代において向こうが高台を支配しているわけですから。

乃木が立派だと思うのは、自分の息子を二人も亡くしていますよね。そこが、すごく武人らしいなと。

本郷　確かに。「よく戦死してくれた」といったという話もありますからね。国民に面目がたったと。

簑原　しかも彼は、明治天皇が亡くなった時に自決していますよね。長生きして軍神化された東郷平八郎[16]とは全然違います。東郷は時代の流れを把握してないのに、第一線を退いたあとでも海軍に口出ししていましたからね。

ロンドン海軍軍縮会議[17]が始まる時も、アメリカとの軍縮条約が必要なんだ、軍艦はたくさん造らなければならないと。海軍の艦隊派[18]も東郷を担いで軍拡に利用しようとしました。

本郷　口出しされて海軍も参ったらしいですね。

日露戦争は本当に輝かしい勝利だったのか？

簑原　海上自衛隊の舞鶴基地内に東郷邸があるんです。そこの庭には小さな池と、もう少し長い形の二つの池があって「心」の字になっているんです。

本郷　心字池ですね。

簑原　でも点々の部分がないんですよ。東郷にいわせれば、点々は「心眼」で見るということらしいです。禅の思想を反映しているそうですが、東郷らしい精神論だなと思います。私は東郷邸を、米海軍士官学校で学んだ海上自衛隊の幹部と一緒に見学した際、彼は「ないものはどんなに目をこらしても見えるはずはない。だから戦前の海軍は負けたんだ」といったのがいまだに印象に残っています。

15『坂の上の雲』…明治維新から日露戦争までの日本の近代化の歩みを描いた司馬遼太郎の歴史小説。平成二十一〜二十三年（二〇〇九〜一一）に本木雅弘の主演でNHKのテレビドラマとなり人気を博した。

16 東郷平八郎…もと薩摩藩士。軍艦浪速の艦長として日清戦争に従軍。日露戦争では連合艦隊司令長官としてバルチック艦隊を撃破し「東洋のネルソン」と呼ばれた。

17 ロンドン海軍軍縮会議…昭和五年（一九三〇）、英米日仏伊の五か国で行われた軍縮会議。大型巡洋艦の対英米比七割という日本側の要求が受けいれられず、条約に調印した浜口雄幸内閣が批判された。当時、日露戦争の際に発行した国債の償還時期が迫っており、政府は軍事費の削減に積極的だった。

18 艦隊派…ロンドン海軍軍縮条約に反対する海軍の派閥。条約をやむなしとする条約派と対立し、条約の調印が天皇の統帥権を侵すものとする「統帥権干犯問題」が起こった。

本郷　それをいっちゃいけない（笑）。

簑原　でも、核心を突く鋭い見解だと思いましたよ。海上自衛隊の人にいわれて余計に納得できました。東郷や当時の多くの日本の軍人は精神性を大切にしていたわけですよね。

逆に、アメリカはどの時代も科学なんですよ。それに対して、日本は精神性で対抗しようとしたわけです。これは国が相対的に貧しいから出てくる発想なんですかね。科学力に対抗するには精神力しかない。

本郷　それでも、日露戦争は日本の勝利に終わり、戦争をリードした小村がポーツマス条約[19]で交渉のテーブルについたわけですね。

簑原　日露戦争で日本が一つ、道を踏み間違えたと思う部分があります。当時の人は白人対非白人の戦争としてとらえていましたよね。特にアジアの人々は。

本郷　トルコはロシアの圧迫を受けていたから、ものすごく喜びましたよね。

簑原　イギリスの支配を受けていたインドでもそうです。我々はずっと白人より下といわれてきたけど、違うじゃないか。東洋の島国が勝ったじゃないかということで、トルコやインドから留学生がこぞって日本に向かいました。

本郷　トルコでは日露戦争の直後、トウゴウやノギという名前をつける人がたくさんいたという話もあります。

簑原　友人のトルコ人の研究者によれば、トルコの近代化と日本の近代化はタイミング的にも近いらしいですね。どちらも非西洋の国として頑張っていたけど、トルコの不幸はヨーロッパに近すぎたことだったと。その点、日本は適度な距離感があって恵まれていたという話を聞いたことがあります。本書の最初にも中国との距離感がちょうどよかったという話がありましたが、それに似てますね。

日露戦争ののち、日本が寛大な姿勢を示して、アジアを牽引していく新たなモデルを提示していれば、非白人国家のリーダーになれたと思うんです。

本郷　なれたでしょうね。

簑原　しかし、日本が選んだのはヨーロッパと同じような帝国主義国家への道でした。

本郷　日本に好意を寄せてくださった国々の期待に応えていればリーダーになれたでしょ

19　ポーツマス条約…アメリカのポーツマスで行われた日露講和会議。韓国における権益の承認、旅順・大連などの租借権や鉄道の譲渡、満州からの両軍の撤兵などが合意された。しかし、賠償金が得られないなど期待以下の結果だったため国民の怒りを買い、日比谷焼き打ち事件などの暴動が発生した。

うね。日本に対する尊敬をうまく利用して、大きな戦略を立てればよかった。

簑原　他者をよくすることによって、自分たちもよくなっていくという「ウィン・ウィン」、あるいは開かれた自己利益に基づく関係を構築できたと思います。もったいないですね。

本郷　本当にもったいない。そこが島国根性というか。いつ国境が動くかわからないヨーロッパのような、常に相対化された世界に生きている人たちのしたたかさが、日本人にはないですよね。

簑原　日本が世界に与えたショックの大きさに、日本人自身が気づいていなかったのかもしれません。

最初のつまずきは大逆事件だった？

簑原　日露戦争の勝利からわずか四十年後に日本は敗戦国になるわけですが、どのあたりから間違ったんでしょうか。

本郷　最初から間違っていたんですよ。

簑原　明治もですか。

本郷　いや、明治ではないと思います。そこが僕の大問題なんですよ。

簑原　最初は、結構いい感じだったじゃないですか。

本郷　そうなんです。でも、歴史研究者のなかには、明治維新そのものが太平洋戦争を必然とする一種の革命だったという人もいます。だから明治維新の富国強兵から間違っていたという人がいるのですが、そんなことはないと思うんですよね。あるところまではうまくいっていたわけでしょう。

簑原　私もそう思います。

本郷　だから、日露戦争で勝っちゃったのがいけなかったのか。どこかにいくつか分岐点があったはずなんですよね。

僕はこの時代の転換点は大逆事件[20]にあったのではないかと思っているんです。歴史がそこから変わってくる。

簑原　なるほど。

20　大逆事件…明治四十三年（一九一〇）、明治天皇の暗殺を計画したとして社会主義者や無政府主義者が検挙され、幸徳秋水ら二十六人が死刑などの厳罰に処された事件。

本郷　それまでは、学問は学問として守ろうということを桂太郎も原敬[21]もいっていたんです。だけど、そのあと山縣有朋[22]が、それじゃいかんというようになって、天皇万歳という歴史学ができてしまう。天皇が神格化されていくわけです。

ただし、まだ山縣の時代の天皇崇拝は目的ではなく手段なんですよね。

簑原　そうですね。明治の元勲は、天皇をエラいとは思っていないですからね。担ぎ出して利用しただけ。

本郷　たぶん、伊藤博文は天皇に対して仲間意識をもっていたと思うんです。力を合わせて近代日本を作り上げてきた戦友という気持ちがあった。決して頭を下げるような存在ではなかったと思います。

山縣は最高の元帥まで上ったから、相手が皇族でも陸軍の階級では山縣の方が上になるので、皇族に対しても礼を尽くさなかったというエピソードがあります。そのあたり、維新の第一世代の人は露骨でしたね。ところが、第二世代、第三世代になると勘違いしてしまって、天皇をあがめること自体を目的にする人が出てくる。

天皇機関説[23]という考え方がありますが、天皇を機関ととらえないで、神さまだと思って高くもち上げるようになってくる。だから大逆事件は、日本がおかしくなっていく分岐点の一つだった気がします。

独自のビジョンを示せない日本

簑原 私が思うに、日本人は白人並みになりたかったのかなと。つまり、白人と同じように扱われたい。それが一九一九年、第一次世界大戦後のパリ講和会議[24]で達成されるわけです。五大国の一員になれたわけですから。日本が世界を引っ張っていくトップ集団に入った。

本郷 そのあたりで到達しちゃった感が出てくるのかな。

---

21 原敬…南部藩の出身。爵位をもたない初の総理大臣として平民宰相と呼ばれ、最初の本格的政党内閣を組織した。

22 山縣有朋…もと長州藩士。明治政府で陸軍卿や参謀本部長などを歴任し、徴兵令や軍制など陸軍の基礎を固めた。総理大臣として二度組閣し、元老として政界や陸軍に絶大な影響力をもった。

23 天皇機関説…統治権の主体は国家であり、天皇はその最高機関であるとする学説。憲法学者・美濃部達吉らによって提唱されたが、軍部や右翼の反発を招き、美濃部の著書が発禁となった「国体明徴問題」に発展した。

24 パリ講和会議…第一次世界大戦の戦勝国である英米仏伊日の主導で行われた。日本は西園寺公望を首席全権として参加し、山東省におけるドイツの権益を引き継ぐことなどが認められた。

簑原　これから日本が進むべき道は何かという、目標の再設定がなかったですよね。

本郷　ないですね。日本は追いつけ追い越せといって、キャッチアップするのはうまいんですけど、自分がリーダーになった時に、新たなビジョンを世界に示すことができないじゃないですか。

古代には聖徳太子や天智天皇など、東アジアのなかで日本をどのように位置づけるかを真剣に考えた人たちがいましたが、それ以降の歴史ではほとんどいませんでしたからね。

簑原　そういう受動的な姿勢は、中国から学んだという、国家としての出発点に起因しているのかもしれませんね。どこかから学んだモデルを日本流にアレンジして活用する。

本郷　だから、日本が本当にリーダーになるべき時、どうしていいのかわからなくなってしまうんでしょうね。一九八〇年代に日本の技術が世界をリードして「ジャパン・アズ・ナンバーワン」[25]と呼ばれた時も、何もできませんでした。バブルを起こしてアメリカのビルを買ってみることくらいしかできなかった。

簑原　大事なポイントは、「アズ（as）」という単語にありますよね。「イズ（is）」じゃないんです。

本郷　そうか、なるほどね。

簑原　あのヴォーゲル先生によるあの本は、アメリカ人に対する警鐘ですよね。日本はナンバーワンになったわけではないですから。でも当時の日本人は日本語版を自画自賛のための本として喜んで手に取った。

本郷　それはそうですけど、バブルの時代にも何かできたんじゃないかと思います。

簑原　一九八〇年代は確かに勢いがありましたね。吉田首相が掲げた戦後の日本外交の目標を達成したわけですから。

本郷　目標を達成すると何もできなくなるという。

簑原　再設定しないからです。

本郷　良いか悪いかは別にして、中国でも一帯一路[26]という構想をバンと打ち出すじゃないですか。

25　「ジャパン・アズ・ナンバーワン」…一九七九年に発刊されたアメリカの社会学者エズラ・F・ヴォーゲルの著書のタイトル（"Japan as No.1"）。日本の高度経済成長の要因を分析し、日本的経営や日本人の特性を高く評価した。

26　一帯一路…二〇一三年に中国国家主席・習近平が提唱した構想。中国とヨーロッパを陸路で結ぶ「シルクロード経済ベルト」、海路でアラビアやアフリカと中国を結ぶ「二十一世紀海上シルクロード」の両地域において貿易の活発化やインフラ投資などを行う計画。

簑原　あれは日本の大東亜共栄圏[27]と一緒だと思いますよ。中国は日本から学んだのかもしれません（笑）。

本郷　いつか来た道、なんてことにならなければいいのですが。

27　大東亜共栄圏…太平洋戦争中に日本が中国・東南アジアの支配を正当化するために打ち出したイデオロギー。欧米の支配を排除し、日本を盟主としてアジアの政治・経済的な共存・共栄を図ろうとする考え。

第十章

第一次世界大戦とパリ講和会議

――大国の一員として（戦前日本の頂点）――

時代を読む

世界の五大国として臨んだパリ講和会議

日露戦争後の日本の課題は大陸における拠点の確保だった。明治三十八年（一九〇五）、米英に韓国の保護国化を承認させたため、韓国では反乱が頻発。その鎮圧のさなかに伊藤博文が暗殺されると、同四十三年、日本は韓国を併合して植民地とした。

満州では同三十九年に遼東半島に関東都督府をおき、大連に南満州鉄道株式会社を設立して、満州進出の足がかりとした。しかし、門戸開放を唱えるアメリカとの関係が悪化。清の反発も強まったため、かつての敵ロシアと日露協約を結んで対抗した。同四十四年、中国で辛亥革命が起こり、清朝が滅亡して中華民国が成立したが、日本政府は陸軍の要求を退けて不干渉の立場を貫いた。

明治初期から大隈重信や陸奥宗光らの交渉によって段階的に行われてきた列強諸国との不平等条約の改正も、同四十四年、小村寿太郎外相のもとで関税自主権が回復されたことにより完全に達成され、条約上で列強と対等の地位を得た。

一方、ヨーロッパでは軍拡を進めるドイツとオーストリア、イタリアの三国同盟に対し、イギリス・フランス・ロシアが三国協商を締結した。日本は日英同盟と日露協約の関係から協商側に立った。一触即発の状況のなか、一九一四年、オーストリアの皇子の暗殺（サラエボ事件）を機に第一次世界大戦が勃発。日本も日英同盟を理由に参戦し、ドイツの拠点である山東省の青島、南洋諸島のドイツ領を占領した。

大戦は日本に好景気をもたらした。日本は英仏などの連合国に軍需品を、列強の影響力が低下したアジアには綿織物などを輸出し、明治末以来の不況と財政危機は一気に解消した。造船・海運業や鉄鋼業、化学工業、紡績業などが空前の好況にわき、多数の成金が生まれる一方、物価高騰により多くの民衆が苦しんだ。

ヨーロッパでは一九一七年、ロシア革命が起こりレーニンの社会主義政権（ソヴィエト政権）が成立したため、ロシアは戦線から離脱する。その翌年、同盟国の敗色濃厚ななか、アメリカのウィルソン大統領の提案により休戦が成立する。

一九一九年にパリ講和会議が開かれ、西園寺公望らを全権とする日本は連合国の一員として参加した。ヴェルサイユ条約が締結され、日本は中国や南洋諸島におけるドイツの権益を受け継いだ。国際協力と平和のための機関として国際連盟が設立され、日本は英仏伊とともに常任理事国となり、列強諸国と肩を並べる存在となった。

日本軍の近代化を遅らせた第一次世界大戦

簑原　この前でもお話ししたとおり、第一次世界大戦で日本は戦勝国となり五大国の一員として講和会議に臨みました。これが明治維新以来、富国強兵をめざしてきた日本にとって一つの到達点になったと思います。しかも、アメリカは国際連盟に入らなかったので、この国際的な枠組みにおいて実際は四大国の一つということになります。

本郷　すごいですよね。

簑原　間違いなくすごいですよ。不平等条約からの道のりをみれば、本当に立派としかいいようがありません。ただし、列強のなかでドイツが敗戦国になってしまい、ロシアも社会主義革命が起きたため参加できなかったがゆえの結果という事情もあります。

一方、世界では第一次世界大戦という未曽有の戦争に疲れた人々が口々に平和を唱え、無謀にも不戦条約まで作った。でも、結局は長続きしなかったですよね。

本郷　しかも先生のおっしゃったように、日本はそこでリセットして新たなビジョンを掲げるということができなかった。

簑原　明治維新では、ヨーロッパ列強に追いつこうという大きなビジョンがありました。

特に、幕末に列強と交わされた不平等条約の撤廃は近代国家になるうえでの大前提だったため、かなり力を入れて取り組みましたね。

本郷 追いつくことが目標だったところまではよかったんですよね。しかし、追いついた時点で目標を再設定できなかった。

簑原 ただし追いつけたといっても、日本はヨーロッパの陸上での戦場では戦っていませんからね。だから、大戦中に起こった戦術の変化や技術革新について理解していないんです。日露戦争で止まった状態で、日本は太平洋戦争を戦うことになってしまいました。その時まで、明治三十八年（一九〇五）に採用された三八《さんぱち》式歩兵銃を使っていたというありさまですから。

本郷 張鼓峰[1]やノモンハン[2]でも、ソ連の機械化部隊にいいようにやられているのに、何も勉強しなかったんですよね。日本は塹壕戦[3]とか勉強したんですかね。

1 張鼓峰事件…昭和十三年（一九三八）、ソ連と満州国、朝鮮の国境・張鼓峰で起こった日本軍とソ連軍の武力衝突。関東軍（満州におかれた陸軍部隊）が独断で攻撃をしかけ、戦車や重砲をようするソ連の機械化部隊に敗北した。

2 ノモンハン事件…昭和十四年（一九三九）、満州国とモンゴルの国境のノモンハンで起こった日本軍とソ連軍の武力衝突。関東軍はふたたび敗れ、陸軍の兵器の劣勢が露呈し対ソ開戦論が後退した。

簑原　日露戦争でロシア軍はトーチカなどを効果的に使って日本軍を苦しめましたが、日本軍が迷路のようなトンネルを掘って本格的な塹壕戦に臨んだのは、昭和十九年（一九四四）のペリリュー島の戦い[4]からです。米軍の上陸を想定して塹壕で迎え撃った戦いですね。つまり、栗林中将率いる硫黄島戦より先だったことになります。

本郷　硫黄島でも同じような塹壕戦が展開されましたね。

パックス・ブリタニカの終焉

本郷　第一次世界大戦によって、欧米の覇権はどうなったのですか。

簑原　イギリスの力が衰え、アメリカとイギリスが並び立つ状況が生まれました。近衛文麿がいう英米本位の時代ですね。

　われわれは、国際秩序はそうそう変わらないという錯覚に陥りがちですが、歴史を見ればそんなことはないとすぐに気づかされます。たとえば、現在でも「パックス・アメリカーナ」の時代はずっと続くと考えているアメリカ人は多いですが、どんな覇権もいずれ終わりを迎えます。

　令和三年（二〇二一）に菅義偉首相がバイデン大統領との首脳会談のために渡米しまし

た。今までの大統領の態度といえば、日本はともかく一番に会いたがるから適当に会談を設定しておけという感じでした。でも、この時はバイデン大統領の強い要請によって菅さんが渡米することになりました。ここまでアメリカが日米首脳会談に前のめりになる姿を、私は見たことがありません。

最近のアメリカは余裕がなくなっているように見えますね。中国と対峙するためには同盟国としっかり手を結ばなければいけないという、外交姿勢の変化だと思います。トランプに続いてバイデン大統領の姿を見ていると、アメリカの終わりの始まりが到来しているのではという気がしないでもありません。

百年前の西洋も、まさに覇権交代期でした。「パックス・ブリタニカ」というべき時代を築いたイギリスという圧倒的な国が、第一次世界大戦を境にどんどん弱くなっていきました。

---

3 塹壕戦…敵の銃砲攻撃から身を守るための溝（塹壕）に拠って戦う戦闘の形態。アメリカ南北戦争のころに始まり、第一次世界大戦で本格的に展開された。

4 ペリリュー島の戦い…現在のパラオ共和国で行われた日本軍の守備隊と米軍の戦闘。米軍は四日で攻略する予定だったが、日本軍が塹壕を利用したゲリラ戦を展開したため戦闘は二か月におよんだ。

そして、大戦が終わった一九一八年から、英米が手を取り合って覇権を分かち合い、世界を共同統治する状態が生まれ、これが第二次世界大戦まで続きます。これは世界史的に見て非常に珍しいことです。

なぜそれが可能になったかというと、両国が共通の言語、共通の価値観、民主主義など共通のバックグラウンドをもっていたからです。しかし一九四五年、第二次世界大戦の勝利によってアメリカが圧倒的な力を手にすると、今度はアメリカはイギリスを蹴落としにかかるわけです。

本郷　そうなんですか。

簑原　イギリスの夢は大英帝国の復活です。でも、アメリカはそんなの絶対に許しません。徹頭徹尾、イギリスを弱くしていくんです。それがアメリカの怖いところで、一九四五年八月からまさしく「パックス・アメリカーナ」の時代が始まります。英米のトップ交代を特に印象づけたのが第二次中東戦争中のスエズ危機[5]ではないでしょうか。

それが今では、中国は明白にアメリカの覇権に挑戦してきているわけです。二〇二二年の共産党党大会で習近平国家主席は自らの野心を鮮明にしました。われわれは間違いなく混沌とした時代を迎えつつあると思います。日本史においても幕府なる国内のパックスが弱まった時点で、動乱の時代を迎えたじゃないですか。鎌倉、室町、江戸の各幕府の終焉期を振り返れば、われわれを待ち受けている厳しい世界が自ずと見えてくるのではないでしょうか。

日本人の英語コンプレックスは昔から

本郷 共通の価値観といえば、現在も英語圏の五か国で締結しているファイブアイズ[6]がありますよね。そこに日本を入れてシックスアイズにしようという話が以前あったようですが。

簑原 フォーマルな打診ではなく、確かオーストラリアの高官がカジュアルな会話の中でいっただけですよね。ただ、日本は入れませんよ。いろんな意味で入れないんです。まず、日本は機密を守るための法律がすごく緩いですよね。きつい罰則がないので、情

5 スエズ危機…一九五六年、エジプトのナセル大統領のスエズ運河国有化宣言に反発した英仏・イスラエルがエジプトを攻撃したが国際世論は非難、米も即時停戦を要求した。スエズ運河国有化という実質的勝利をおさめた。

6 ファイブアイズ…UKUSA協定（通信傍受により得た情報を共同利用する協定）に基づいて、アメリカ・イギリス・カナダ・オーストラリア・ニュージーランドの五か国で締結されている情報共有の枠組み。

報がすぐもれてしまいますから、日本はウィークリンクになってしまいます。くわえて、そもそも日本から提供してもらいたい情報が特になければ、手を組むメリットはあまりありません。日本にはＣＩＡやＭＩ６に相当する対外諜報機関はないですし。さらに、ファイブアイズに万一入った場合、日本の秘密情報のほとんどを共有させられることになることも覚悟しておく必要があります。

イギリス情報部の知人も、われわれはアメリカにすべて吸い取られるが、逆にアメリカが我々に提供している情報は到底すべてであるとは思えないといっていました。つまり、アメリカが采配を握る選択的な情報提供です。アメリカが日本にある体制・政策を誘導した場合、同国の行動は必ず国益を優先するものになりますからね。

本郷　そうでしょうね。

簑原　これでは極めて非対称な関係になってしまいます。まあ、日米同盟も非対称な関係ではありますが。

ファイブアイズに入れないもう一つの理由は、日本人の英語力だと言われています。日本の自衛隊も最近、米軍との実戦さながらの演習が増えていますが、有事において、間に通訳をはさまないとコミュニケーションがとれないというのは、もはやナンセンスしかないですね。でも戦場という緊迫した状況において米軍のカウンターパートと完全に意思疎通できる自衛隊幹部は一握りしかいないのではないでしょうか。少なくとも目黒の幹部学校で英語で講義する際、ついそのように感じてしまいます。

本郷　そうですね。一秒の差が生死を分かつわけですからね。

簑原　当然、米陸軍士官学校であるウエストポイントで教官をされた私の陸自の友人のようにものすごく英語ができる人もいますが、圧倒的に数が少ないのは否めない。日米同盟をさらに強化するうえで無視できない重要な問題です。先日、嘉手納基地に訪れた際、米空軍のF－15戦闘機パイロットの若い大尉に、空自に合同訓練について尋ねたら、「飛行機を操縦しながら母語ではない英語で考えるのは相当大変だと思う。だから、なかなか実戦形式の演習で連係を取るのは難しい。言語バリアーさえクリアすれば、日米両軍はより完全に相互の実力を発揮するだろう」と率直に答えていましたが、これも印象深い発言です。彼はとても謙虚なパイロットで、われわれが日本を防衛する任務に当たっているにもかかわらず、日本語を喋れないのも問題だから、空自側を批判する気持ちは毛頭ないともいってました。ただ、両軍の相乗効果を鑑みれば、意思疎通能力の向上は避けられないようです。

でもこれは決して新しい話ではなくて、第一次世界大戦のパリ講和会議で日本は「サイレントパートナー」と揶揄されていました。この言葉の一般的な理解としては、日本は自国に関係することしか積極的に発言しない、それ以外は沈黙する自分勝手な大国と解釈されていたんですが、最近の研究で示されているのは、日本がサイレントだったのは単に英語力に自信がなかっただけではないかと（笑）。

本郷　たぶんそれでしょう。僕もそうだから、たいへんよくわかります（笑）。

簑原　日本としてはともかく自国にとって大事なことだけをきちんと伝えなければならない。それだけに必死で、ほかの問題に口を出す余裕なんてなかったんでしょうね（笑）。

これと並んで日本は広報ものすごく下手ですね。パリ講和会議に随員として同行した若き松岡洋右[7]が、なんで日本は記者会見を開かないんだといったそうですね。各セッションが終わったあとプレス向けに会見を行って日本側の主張をはっきり示すべきだと。でもそれをしなかった。

二年後のワシントン会議の時も、加藤友三郎[8]が帽子を振って人々に応えるのですが、笑顔がないので側近から「もっと明るく」といわれたという話もあります。時代は遡りますが、日露戦争のポーツマス会議の時も、両国全権をつとめた小村寿太郎とウィッテのどちらが多くチップを残すかを競い合った〝チップ戦〟の話もあります。でもウィッテはアメリカの記者団を前にしていつも笑顔で気持ちよく囲み取材に応じる。他方の小村は見た目はさることながら、笑顔を見せず不愛想だから、折角の日本寄りの世論に積み上げられないんですね。

アメリカの社会、アメリカ人の心をつかむために世論への印象づけはとても大事なことなのに。このことをアメリカの大学を卒業した松岡はよく知っていたわけです。

日本人に負の感情を引き起こした排日移民法

簑原　パリ講和会議で先進国の仲間入りを果たした日本の得意も長くは続きませんでした。そのわずか五年後にアメリカで排日移民法[9]が成立して、人種を理由に差別にされたのです。

7 松岡洋右…アメリカに留学し、外交官を務めたのち政界に入る。昭和八年(一九三三)、国際連盟会議に全権として出席したが満州国の承認が得られず退場し、連盟脱退のきっかけをつくる。第二次近衛内閣の外相として日独伊三国同盟や日ソ中立条約を主導した。

8 加藤友三郎…日露戦争では連合艦隊参謀長として日本海海戦で活躍。ワシントン会議に首席全権として出席し海軍軍縮条約に調印した。

富国強兵で国を豊かにしたり、軍を強くしたりすることは努力すればできます。でも、人種というのはどうやっても乗り越えられない壁ですよね。これが、欧米社会から突きつけられた最大のリジェクション（拒絶）だったのかなと思います。今でいう「ガラスの天井」のようなものがあったのでしょう。

本郷　排日や移民の問題は先生のご専門ですよね。

簑原　はい、そうです。でも私の研究は日本人移民よりも、排日の歴史を通じて、日米関係において国益に絡まない問題であっても、いかにそれが二国間関係を悪化させたのかということを中心に考察しています。

従来の外交史は、どうしても国益とパワーの関係で見てしまうところがありました。移民問題というのは国家レベルの実害を伴わない、いわば心の問題ですから、我慢すればいいという話になりがちですよね。たとえばこの時、日本が不服としたのは、現移民法で一四六人ほど許されていた移民を米連邦議会が一方的にゼロにしたからです。つまり、国家レベルでの実害はありません。だからこそ、外交史ではあまり重視されませんでしたが、私は「そんなことはない、国を動かすのが人間である以上、感情の部分は政策に必ず影響をもたらす」と考えました。

差別というのはある意味で「拒絶」されたことに相当すると思うのですが、こうした心的被害は、差別を受けた側に強い感情を引き起こすものです。とりわけ日本の場合、近代国家の出発点に不平等条約があったために、平等に扱われることについてものすごく敏感だったんです。しかも、当時はもう五大国の一員。

ただし日本人は、ほかのアジア諸国に対しては「われわれと同じアジア人だから差別してはいけない」とはいわないんですね。自らは大国なんだから、ほかのアジア諸国と日本では、待遇に差があってしかるべきだと考える。実際、排日移民法ができる以前から、欧米社会にはアジア人に対する差別はありましたが、日本人はそこから除外されてきたんです。そういうこともあって、西洋の一員になるためだったら、ほかのアジア人を差別することは問題ないと考えるようになっていました。いい換えれば、アジア諸国との待遇差を

9 排日移民法…日本人のアメリカ移民は二十世紀から激増し、カリフォルニアだけで七万人に達した。勤勉な日本人は白人労働者を脅かし、宗教観や生活習慣の違いもあって社会に溶け込めない人もいた。そのため、カリフォルニアで日本人の排斥運動が始まり、一九二四年、連邦議会で排日移民法が成立。日本人移民の入国は禁じられた。

10 簑原俊洋『排日移民法と日米関係――「埴原書簡」の真相とその「重大なる結果」』（岩波書店、二〇〇二年）、同『アメリカの排日運動と日米関係――「排日移民法」はなぜ成立したか』（朝日選書、二〇一六年）

もって他の列強と精神的に比肩していると錯覚していたことになります。
実はこれも昔だけの話ではありません。一九八〇年代のアパルトヘイトの最中に南アフリカ共和国で生活する日本人に与えられた名誉白人[11]のステータスと一緒です。当時、名誉白人といわれて優越感に浸っていた日本人の気持ちはまったく理解できないけど、アジアでもっとも豊かな国から来ている自分たちは白人並みの特別待遇は当然だと考える日本人が多くいたのは事実です。でも、差別される側に回されたとたん、許せなくなるんですね。自己矛盾していますし、間違いなく偽善的でしかありません。

本郷　なるほど。

簑原　そして、排日移民法によって日本人差別という厳しい現実を突きつけられた反動として日本はアジア主義に傾倒するようになり、脱欧入亜に舵を切るわけです。

人種差別が日本をアジアに向かわせた

簑原　政治外交の専門家によると、一九二〇年代は国際協調主義の時代だといわれています。その一方、日本ではアメリカの人種差別を機に、欧米に対する幻滅が生まれてくる時代でもあると、私は考えています。

特にカリフォルニア州における日本人排斥を容認したウィルソン主義[12]に対する強烈な幻滅です。アメリカは自由主義や民主主義を謳っているけど、実際は全然違うじゃないかと。それで、かつて福沢諭吉が唱えた「脱亜論」とは逆のアジア主義、つまりアジアに回帰するようになるんです。

本郷　しかし、そのアジアというのは「日本を盟主とするアジア」なんですよね。

簑原　もちろんそうです。日本人移民が拒絶された以上、我が道を切り開いていくしかないというわけです。だから我々は、一九二〇年代のとらえ方を変えなくてはいけないと思います。第一次世界大戦が終わって、みんなが戦争を忌避した平和な時代といわれていますが、全然そんなことはありません。実は、一九二〇年代に一九三〇年代につながる種が蒔かれていたんです。

本郷　人種差別はよくないという、今なら多くの人々が共感できる正義を、日本は世界に

11 名誉白人…南アフリカのアパルトヘイト政策では、黒人のみならず有色人種も差別の対象となったが、日本は経済力を認められ白人と同等とみなされた。

12 ウィルソン主義…第一次世界大戦の終結に向けて第二十八代大統領ウィルソンが打ち出した提案に由来する考え方。民族自決や民主主義、集団安全保障などリベラルな国際主義ととらえられている。

発信したのでしょうか。

簑原　その時代にはもはや通用しないんです。日本は列強に見習って帝国主義の道を歩みだしたわけですから。でも、日露戦争直後の一九〇六年頃だったら通用したかもしれませんね。

本郷　つまり、戦前の八紘一宇[13]や大東亜共栄圏というのは、欧米の排日に対応したアジア回帰ということになるんですね。

簑原　私はそう考えています。でも、当時のアジアの人々にとっては、もはや日本は説得力を失っていたんです。日露戦争後が最大の機会でした。初めてアジアの国が白人国家に勝ったということで、遠くインドからも留学生がやってくるようになったのは先ほどもお話ししましたが、多くの発展途上国の人々が日本から学びたいと考えたのは、非白人国家の日本に希望を抱いたからです。しかし、歴史が示すように、日本はアジアの牽引役にも代弁者にもなることはなく、西洋列強の仲間入りをひたすらめざしたことになります。

本郷　列強の一員になりたいと。

簑原　いってみれば、イソップ物語の「卑怯なコウモリ」ですよね。何であの時、日本はアジアのリーダーになる道を選ばなかったのでしょうかね。さしてうまみがないと考えたのか……。

本郷 それを考えるには、それこそ日本人にとってのグローバリゼーションとは何かを、考えないといけないのかもしれませんね。

簑原 なるほど。

本郷 グローバリゼーションといっても、いきなり全世界を視野に入れるのではなく、まずアジアで盟友をつくって世界に打って出るというような方法論を、当時の日本人はもたなかったわけですよね。

簑原 まったくそのとおりですね。でも、日本はどこか常に西洋に対する劣等感を抱いていませんか。

本郷 それはもう、めちゃくちゃあると思います。しかも、それは二十世紀まで変わらない。名誉白人といわれたら嬉しいわけですから。

簑原 それは普通に考えたら屈辱でしかないですよね。

13 八紘一宇…「世界を一つの家にする」を意味する言葉で、神武天皇が大和国（奈良県）に都を定めた際の詔勅に由来している。日本がアジア侵略を正当化するために使ったスローガンで、大東亜共栄圏の思想的根拠とされた。

ちなみにパリ講和会議では、人種問題では中国と足並みをそろえているんです。人種問題だけが中国と唯一共有できたイシューというのはある意味皮肉ですね。

台湾有事は日本有事

簑原　日本の植民地形態はヨーロッパと違って、収奪というほどではなかったにせよ、それでもこれらの地域に対する道義的責任はあると思うんです。フランスなどはいまだにアフリカのかつての植民地に責任を感じて、いろいろ介入するじゃないですか。日本人はそういう必要性を考えないのでしょうか。

本郷　日本人の言説としては、台湾にせよ韓国にせよ、日本が近代化させてあげたんだから、それでいいじゃないかという話なんでしょう。

簑原　悲しくなりますね。

本郷　でも、日本人は台湾のことは大好きですよね。

簑原　それは表面的な部分が多いのではないでしょうか。観光地として好き、食べ物が好き、だけではなく、それより台湾が有する地政学的な重要性はもっと真剣に考えた方がいいと思います。「台湾有事は日本有事」という掛け声こそ最近保守の政治家を中心によく聞きますが、この言葉のもつ深い意味をあまり考えていないような気がしてなりません。いずれ「台湾有事は日本有事」のピンバッジを作り、それを胸につけて終わりになるのではないかと憂慮しています（笑）。だって、本当に台湾有事が勃発した場合、日本は法制度面と装備面から実際に何ができるんですか。海自の軍港は九州の佐世保にしかないんですよ。滑走路も那覇空港の民間との共用。下地島空港は台湾有事で使用できるのかは微妙。もし台湾が中国に統合されたら、日本の南西方面が安全保障の最前線になりますからね。こうした現実を直視しない、日本のリーダーや政治家、あるいは疑問の声をあげない日本人は本当に不思議です。

本郷　台湾がもつ軍事的な価値についてはマッカーサーも指摘していましたよね。確かに、日本の安全保障上、台湾がどれだけ重要かという点にはもっと目を向けるべきだと思います。へたをしたら、沖縄まで全部取られてしまいますよ。

簑原　でも沖縄を失ったら日本人の安全保障アイデンティティーは決定的に変わると思います。ウクライナ軍はいまでこそ勇猛果敢に戦っていますが、二〇一四年のロシアによるクリミア侵略の際、わずか一週間で降伏しましたね。つまり、「クリミア・モーメント」があって今の安全保障意識の高いウクライナとなったわけです。日本はそれに相当する国家的体験がない。明らかに北朝鮮のミサイルが上空を通過するだけでは不十分な国民性なんですから、相当に大きな対外的なショックじゃないと変われないですね。それがクリミアのごとく、沖縄が占領されたあとの覚醒とならないことを切に願っています。

ところで植民地といえば、琉球は勝手に日本に編入されてしまったわけですが、かつての琉球王国[14]に対する日本人の感情はどのようなものだったんですか。

私にはアメリカにとってのハワイ[15]と幾分重なるんです。植民地経営がうまくいったので、ハワイはアメリカに吸収されて州に、琉球は沖縄県になったというプロセスなのかなと。どちらももとはそれぞれの主権をもって独立していた王国ですよね。しかし、琉球の歴史は教科書でさらっと書き流しているだけで、どこまで日本人に伝わっているのかわかりません。

そういえば、先日北海道の白老町にある「ウポポイ　民族共生象徴空間」という博物館を見学してきたのですが、立派な建物なのに対してアイヌに対する迫害の悲惨な歴史は驚くほどあっさりと扱っていました。「民族共生象徴空間」という名称が本当にシニカルに思えました。アメリカの義務教育課程で学ぶインディアン（ネイティヴ・アメリカン）の迫害の歴史の扱い方とは本当に対照的でしたね。

本郷　僕は琉球史が大好きなので断言できますが、日本人が知ろうとしないんですよ。その程度でいいと思って、あえて教えていないという実情もあるのではないでしょうか。

簑原　都合の悪い歴史には蓋をしようということでしょうか。

歴史教育の地域性

簑原　アメリカの歴史教育は、ものすごく地域性があります。つまり、どこで学ぶかによって全然内容が変わってくる。アメリカ史を見渡すと、もともとカリフォルニアなど西部地域はスペインが統治していました。中央部はフランスです。そのなかで、イギリスが大陸に進出し西へ支配を広げていくという風に、大国がしのぎをけずってきた歴史が展開されます。

本郷　ロサンゼルスという名前も完全にスペイン語ですからね。

14 琉球王国…中国や日本、東南アジアとの中継貿易で栄えた独立王国だったが、江戸時代に薩摩藩の支配下におかれ、明治十二年（一八七九）、琉球処分によって王国が廃止され沖縄県が設置された。

15 ハワイ…十八〜十九世紀、カメハメハ王朝の支配下にあったが、次第にアメリカ人が進出し一八九八年に併合。一九五九年に五十番目の州となった。

簑原　カリフォルニアという州名もスペインの神話から取っているように、スペイン語の地名は数えきれないほど多くあります。西海岸の学校で学ぶとまずスペインのミッション[16]の歴史から始まるんです。ピューリタン[17]なんて、だいぶあとにならないと出てきません。他方、北東部のニューイングランドの学校に行くと、当然スペインのミッションの扱いは小さいです。この地域を統治した歴史がないわけですから。

　それぞれ地域の歴史があるので、アメリカは人種だけではなく個人としての考え方も多様なんです。でも、日本の教育は琉球から北海道まで全部一緒じゃないですか。これって均一な教育が提供されているという良い面もあるんですが、弱点も内包しているように思うんです。

本郷　北海道のアイヌのことも触れようとしない。

簑原　そうなんです。私がアメリカ史の講義でアメリカ・インディアンの話をすると、学生は「アメリカはひどい、日本にはそうした野蛮な歴史はない」っていうんです。アイヌの悲しい歴史を知らないんですね。日本の偏った歴史教育は明治の早い段階から、こうしたかたちで定着しているんでしょうか。

本郷　そうです。

大きな流れをつかむ歴史研究を

簑原 繰り返しになりますが、私は日本が五大国の一つになった一九一九年が、戦前日本の一つの到達点なのかなと思います。

一方、戦後日本の一つの到達点はバブル絶頂期の一九八九年だと考えています。一九九〇年からはベルリンの壁の崩壊や湾岸戦争など、冷戦後の激動期において日本が対応しきれない問題がたくさん出てきますね。とにかく時代の流れにただただ翻弄されていたという印象を受けます。だからこそ東西ドイツは統合できたのに、日本はそれよりもハードルの低いはずの北方領土を返還してもらえなかった。明らかに日本外交の敗北です。そして、

16 ミッション…スペインのカトリック教会による米カリフォルニア州への宣教活動とその際建設された伝道所など施設の総称。

17 ピューリタン…清教徒。十六世紀後半、イギリス国教会への反発から起こったプロテスタントの一派。一六二〇年、信仰の自由を求めるピューリタンがメイフラワー号で逃れて、北アメリカのプリマスに移住したことはよく知られている。十七世紀にはピューリタン革命が起こり、クロムウェルら議会派が国王を殺して一時、共和国を樹立したが、クロムウェルの死後、王政が回復。

一九九五年には阪神・淡路大震災、オウム真理教による地下鉄サリン事件、そして沖縄での少女暴行事件もあって、日本はどんどん埋没していきました。失われた十年、そして二十年の始まりですね。一九九〇年代の「失われた十年」から確実に学び、二〇〇〇年代で転換できていれば何も失っていないことになっただろうと私は思います。そもそも「国家の調子が悪い時になって初めて問題解決に没頭できるインセンティブが生まれるものだ」とよく言ったものの、それが三十年にも及ぶと結局何も学んでなかったことになるから本当に残念です。

でも、日本の歴史には一定のサイクルがあるんじゃないかなと思うんです。先生のご専門の時代にもサイクルのようなものはありましたか。

本郷　サイクルについては、きちんと考えないといけないと思います。ただ、そういう大きな話をすると、実証的ではないといって怒る研究者もいるわけですよ。

簑原　でも実証的な研究って、いくら頑張っても絶対にサイエンスにはならないですよね。特に歴史学の分野においては。もちろん実証が大事なのは議論の余地はありませんが、それだけでは不十分ではないでしょうか。歴史学にはfine detailとbig pictureの双方を複眼的にとらえることのできるバランスが大事なのではと最近考えるようになっています。

これを私は勝手に「応用歴史学」といっていますが、実証的な事実をしっかりと踏まえたうえで現在の世界を俯瞰する作業も大事なのではと。未来を予見するのは不可能なので、結局過去にたどった道を振り返ることによってはっきり見えない先の道にぼんやりと光が照らされるのではないでしょうか。

本郷　史料を読むことは誰にでもできるんですよ。十年、二十年と習練を積めば。本当はそれを読みこなさなければいけないのですが、現代語訳することしかできない人もいます。それは、ある意味、学者ではなく歴史職人ですよね。そういう人たちに、応用とか帰納、演繹といった話をすると、ものすごい拒絶反応を示すんです。

簑原　なぜ拒絶するのか理解に苦しみますね。アメリカでの歴史の教え方は、まさしくそのアプローチですよ。そうしなくて、どうやって非専門家である一般の人に発信していくんですか。生きている社会に対してきちんとインターフェース（向き合う）することは歴史家としての責務であると考えています。

本郷　歴史を解釈することを、かたくなに拒否する研究者もいるんです。

簑原　解釈せずに史料を紹介するだけですか……。なんで解釈しないんでしょうか。解釈することが歴史家の仕事だと私は思いますからね。そこで議論を戦わせて学問は進んでいくのかなと。
私は恐竜と宇宙が大好きで、大学生の時から恐竜学や天文学に関する授業を多く履修していたんですが、今ではその時教わったことの多くが誤っていました。当時の研究者は、観察を通じてわかった事実を踏まえ、きっちり解釈し、多くの仮説を提示していましたが、新たな事実の発見や技術の進歩によってそれら仮説の多くは葬られました。でもこのプロセスこそが学問の鼓動ではないのでしょうか。歴史学にそれがないとは考えたくないですね。希望のない学問に思えてしまいます。

本郷　一つひとつ歴史事実を積み重ねていくだけではなく、大きな流れで見るとか、類推してみるとか、いろんな形でそうした歴史をみることができると思うのですが、それをやると若い研究者にすごい叩かれるもんですからね。

簑原　それこそが実社会と直結して、かつ動きのあるダイナミックな学問が歴史だと私は思います。これに理解のある本郷先生だからこそ時代も専門領域も異なるわれわれの対談は実現したんですね（笑）。

第十一章

大正デモクラシーと排日の現実

――脱欧入亜への契機――

時代を読む

国際協調の始まりと大衆運動の高揚

一九二一年、アジアにおける日本の膨張や自国の軍事費拡大を懸念するアメリカのハーディング大統領の提案でワシントン会議が開かれた。英米日仏で太平洋の安全保障を定めた四か国条約が結ばれ日英同盟は終了。翌年のワシントン海軍軍縮条約では主力艦の保有比率が決められ、米英の仲介で山東半島の権益が中国に返還されるなど、戦争の再発防止や列強諸国の協調を軸としたワシントン体制と呼ばれる国際秩序が構築される。日本も積極的にこの国際秩序を受け入れて協調外交を展開した。

第一次世界大戦では諸国で総力戦が行われたため、世界的にデモクラシー（民主主義）の機運が高まった。この影響は日本にも波及し、明治以来の人々の政治的な成長と相まって、大正デモクラシーと呼ばれる民主主義的な風潮・運動が広がった。

大正元年（一九一二）、犬養毅や尾崎行雄ら野党勢力や民衆が「閥族打破・憲政擁護」を掲げる第一次護憲運動を展開。翌年、長州閥で陸軍の長老である桂太郎内閣を五十日ほどで退陣に追い込んだ。「大正政変」と呼ばれるこの事件以来、日本でも民衆運動が活発化していった。同五年には吉野作造が民本主義を提唱し、政策決定は民衆の意向に基づくべきであると主張。知識人の間で国民の政治参加を求める声が高まっていく。同七年、衆議院第一党である立憲政友会総裁の原敬を首班とする、初の本格的な政党内閣が発足。翌年には、男性普通選挙権の獲得を求める大衆運動が盛り上がりをみせた。同十三年には元老の推薦を受けた清浦奎吾内閣への批判から、立憲政友会・憲政会・革新倶楽部の護憲三派が、世論の支持を受けて貴族院改革や政党内閣の実現などを掲げ第二次護憲運動を展開。総選挙で勝利した憲政会総裁・加藤高明のもと、同十四年に男性普通選挙法が成立し、満二十五歳以上の男性に選挙権が与えられた。

社会では大戦景気により、工業労働者の増加と都市への人口集中が起こり、大都市では俸給生活者であるサラリーマン、職業婦人と呼ばれる女性労働者が増えた。また、生活の洋風化・近代化が進み、バスや地下鉄など都市の交通網、新聞・ラジオなどのマスメディア、遊園地やデパートといった大衆文化が発達した。

しかし、大戦が終わると同九年の戦後恐慌による生糸価格の暴落、同十二年の関東大震災などにより経済は大打撃を受けた。その翌年には、アメリカで日本人移民を排斥する排日移民法が実施され、欧米に対する国民感情は悪化していった。

大正年間は本当に安定した時代だったのか

本郷　大正という時代は、大正デモクラシーもあって自由の風が吹いていたイメージがありますが、学問的には大正あたりから閉塞感が漂い始めます。簑原先生は大正デモクラシーをどのように評価されていますか。

簑原　一般的にプラスのイメージはありますね。確かに、国内政治はうまくいっているように見えますが、国際政治の視点で見ると、一九三〇年代から始まる問題の多くは、大正の後半から昭和初期にあたる一九二〇年代に起因していると思います。

本郷　歴史の動きは単純ではないですね。

簑原　世界中の人々が戦争に疲弊していて、国際協調の時代といわれています。一九二一年にはアメリカのウォーレン・ハーディング大統領の呼びかけでワシントン会議が開かれて、米英仏日の四か国で太平洋の安全保障と海軍の軍縮に関する条約などが締結され、ワシントン体制と呼ばれる東アジアにおける新たな国際体制が発足しました。

このように、一見、うまく進んでいるようですが、政党は党利党益を追求して国益は二の次になり、互いに足を引っ張り合うようになる。一方、平和の時代において軍部はどんどん圧迫されていきました。軍服を着て路面電車に乗ることもはばかられるような風潮があったようです。アメリカと異なり、現在の自衛隊も制服で地下鉄に乗る姿はほとんどみかけませんけどね（笑）。

本郷 まさか、そんなことが。子どもたちの憧れだったのかと。

簑原 大正十三年（一九二四）から八年間、立憲政友会[1]と憲政会[2]の総裁が交代して内閣を組織する「憲政の常道[3]」が続きましたが、長くは続きませんでした。その反動で、一九三〇年代になると逆に軍部が力を拡大しようとしてくる。

一九二〇年代は、必ずしも牧歌的な時代ではなかったということを、もう一度見つめ直

1 立憲政友会…明治三十三年（一九〇〇）に伊藤博文が西園寺公望や原敬らと結成した政党。同会を基盤として原敬は政党内閣を組織したが、五・一五事件で犬養毅が暗殺されて衰退した。

2 憲政会…大正五年（一九一六）、加藤高明を総裁として結成。加藤および若槻礼次郎が組閣したのち、昭和二年（一九二七）政友本党と合同して立憲民政党となった。

3 憲政の常道…衆議院における最大多数党の党首が組閣すること。第一次護憲運動の際、護憲側が憲政の本来のあり方を表すスローガンとして使ったのが始まり。その後、立憲政友会と憲政会（立憲民政党）の二大政党が交代で組閣する慣例をさす言葉となった。

す必要があると思います。なかでも最大の失敗は、元老[4]という絶大な存在がいなくなったことで、ブレーキを踏むメカニズムがなくなったことだと考えています。

元老というのは、憲法にも明記されてない特殊な位置づけにありました。しかし、天皇にも意見をいえるという意味で、日本が間違った方向に向かわないように修正する機能もあったと思います。そのため、軍部の暴走にも歯止めをかけることができたはずです。

しかし、大正十三年に松方正義が亡くなり、「最後の元老」となった西園寺公望[5]は、もう元老を増やさないという決断をして、昭和十五年（一九四〇）の彼の死とともに元老制に終止符が打たれます。

近代国家の基礎を築いた元勲が次々と亡くなっていくなかで、元老を廃止すること自体はやむを得ないと思います。そもそも明治維新の激動期を知らない人たちが率いる形での存続は不可能ですしね。しかし、それならば元老に取って代わる機能を憲法に盛り込まなければいけませんでした。大日本帝国憲法のモデルはドイツ憲法です。これは君主がヴィルヘルム一世のような、軍事にまで遠慮なく介入できる強烈なリーダーであることを前提としています。日本は中途半端な権力しかもたない天皇をリーダーとして据えたため、統治が行き届かなくなったのだと思います。のちに統帥権干犯などといって暴走する軍部は政権を倒しますが、そもそも天皇にはドイツ皇帝のような強力な統帥権はありませんでした。

党利党略で動く政治家たち

簑原　明治の元勲たちは超越していたところがありましたよね。明治以降、彼らが作った日本のシステムは、彼ら元勲の存在に依拠していたと思います。たとえば、陸軍大将の山縣有朋のような元老が指示すれば、軍隊はきちんということをききます。そうした圧倒的な存在感をもつ人がいなくなると、組織の統率が難しくなってしまうんです。

本郷　そのあたりが問題ですよね。

簑原　天皇や軍部にものをいえる元老がいなくなり、組織が対立と競合を繰り返すように

4　元老…明治国家の樹立に貢献した長老政治家。はじめ伊藤博文・山縣有朋・黒田清隆・松方正義・井上馨・西郷従道・大山巌の七人、次いで明治末に桂太郎・西園寺公望が加わった。後継首相の推薦や外交問題への参画など、明治政府の最高指導者として天皇権力の代行的役割を果たした。

5　西園寺公望…フランスに留学し、帰国後、文相・外相を経て立憲政友会総裁となり、桂太郎と交代で組閣する「桂園時代」を現出。パリ講和会議の首席全権を務め、昭和期は最後の元老として後継首相の推薦にあたった。

なる。お互いが自分の組織の利益だけを考えて動くので、大局的な見地から全体を見渡す人がいない。陸軍は常に海軍と張り合っているような状態になるわけです。

本郷 敵はほかにあるでしょうにね。

簑原 でも、陸軍と海軍の仲が悪くてケンカするのは、両軍をもつどこの国にでもある話です。だから、アメリカの大統領のように最高指揮官として強い権力をもったリーダーがガツンといわなければいけない。あるいは長官クラスのシビリアンが大統領の意向を代弁して、何やっているんだ、共通の装備をするのなら弾も同じ物を使え、とか厳命するんです。この時代の日本に、突出した強いリーダーがいなかったことが本当に不幸だったと思います。もちろん、日本の制度ではそうしたリーダーの出現自体が難しいといえるかもしれませんが。

本郷 そういう意味では、民衆の権利みたいなものが一定程度、認められた時代だということもいえるわけですね。

簑原 間違いなくそうですね。ポピュリズムの始まりという意味では。民主主義というのは、大衆迎合につながる危険性もはらんでいます。アメリカの建国の父たちも常にこのことを留意していたために、当初は被選挙権をエリートに限定しました。

本郷　確かに民主主義には良い面と悪い面がありますからね。

簑原　民衆が必ず正しい選択をするとは限りません。軍部がイケイケドンドンになった背景には、日本世論の後押しがあったわけですから。

本郷　僕は、前にもいいましたが、明治の終わりに大逆事件があって、大正を迎えたというところで潮目が変わったと思うんです。歴史の神話化みたいなものが始まって、そこから皇国史観[6]が台頭してくる。

簑原　美濃部達吉[7]の天皇機関説に対する反発が巻き起こるのも、このころですよね。

本郷　まさにそうなんです。

簑原　そういう言論の自由がなくなり始めたのが一九二〇年代だったと。

本郷　東京帝国大学の法学部では天皇機関説が正しいと教えていたらしいですよ。

簑原　へえ。

6　皇国史観…万世一系の天皇を中心とした国粋主義的な歴史観。東京帝国大学の平泉澄教授によって提唱され、戦前の軍国主義教育の根拠とされた。

7　美濃部達吉…憲法学者。天皇機関説を唱え、明治末期～昭和初期にかけて穂積八束ら天皇主権説と対立した。

本郷　だけど、それに対していろんな動きが出てきて結局、封殺されてしまう。それで、変な物語歴史学みたいなのが台頭してきて、天皇絶対ということをいい始めるんです。歴史学のほうでもダブルスタンダードが始まるんですよね。天武天皇の壬申の乱を教えないとか。

簑原　それはいつごろですか。

本郷　大正年間ですね。たとえば、南北朝時代は南朝が正統だということで吉野朝時代[8]と呼んでみたり。

簑原　どうして、歴史教育はそのように変化したんですか。

本郷　明治維新以来、西欧列強に追いつくために国をあげて頑張ってきて、ようやく世界で一定の地位が獲得できた。それを守っていかなくてはいけないという思いがあったのではないでしょうか。

簑原　興味深いですね。

本郷　国力の維持、さらなる強化ということになると、それまでのような富国強兵だけでは足りなくなってきたのだと思います。

簑原　歴史教育の統制化みたいなものが行われたと。

本郷　まさにそうかもしれません。

ヨーロッパばかり見ていた明治の政治家たち

簑原　この時代について、もう一つ個人的に関心があるのは、日本の欧米に対する認識がどうだったのかということですね。日本は開国当初、アメリカを向いていたと思います。日本の学校で採用された最初の英語教科書はアメリカ英語を使っていました。

本郷　そうなんですか。

簑原　アメリカ人は欧米で初めて日本を開国させたこともあって、日本に親近感を抱いていました。それでアメリカの先生がたくさんやってきて英語を教えたんです。その後、アメリカで南北戦争が始まり、代わりに多くのイギリス人がやってきたので日本語の英語には次第にアメリカ英語とイギリス英語が混在することになりました。王室をもつイギリスの方が親近感をもちやすいということもあって、日本人はどんどん

8　吉野朝時代…南朝を正統とする立場による南北朝時代の呼び名。明治四十四年（一九一一）、国会で北朝と南朝のどちらが正統かをめぐる論争（南北朝正閏論）が行われた結果、南朝が正統とされ教科書も改訂された。

イギリスの方を向くようになっていったのかもしれません。さらに、国際政治がイギリスからアメリカの時代に変遷しつつあることを的確に認識できなかったのだと思います。そもそも、当時の日本でアメリカについて理解している人は、少数だったわけですから。留学先としてもヨーロッパの方がはるかに人気がありましたしね。

そのなかでアメリカを熟知しているのは大隈重信[9]や金子堅太郎[10]、高橋是清[11]、森有礼[12]、小村寿太郎などの一握りです。彼らは早い段階で、次の覇権国はアメリカになるとわかっていたからこそ、日本がアメリカとどうつきあうかが従来にまして大事になると考えていました。

本郷 大隈は外交も財政もわかる、数少ない一人ですね。

簑原 そのなかでハーバード大に留学した小村の英語力はすごいですね。彼がつづった文書を読むと改めてすごいと思います。当時、あのレベルで英語を書ける人は、ほとんどいなかったんじゃないでしょうか。しかし、彼のあとがなかなか続きませんでした。日本のエリートの多くはイギリス、フランス、そしてドイツを見ていましたし、とりわけ海軍はイギリスに対する強い憧れがありましたね。なんたって世界一のシーパワーですから。

本郷 不平等条約の改正で頑張った陸奥宗光[13]も、アメリカ通だったんじゃないですか。

簑原　あ、カミソリ大臣ですね。彼はアメリカへの留学経験はないものの、アメリカを相手に外交交渉に臨んでいますし、一八八八年に駐米公使も務めていますね。また、英哲学者で功利主義者のベンサム[14]の『道徳および立法の諸原理』を和訳したことで知られていますが、何よりもリアリストだったと思います。その意味で、国際政治の流れを的確に摑んでいたと思います。全体を俯瞰する力があるというか。そういうズバ抜けた才能をもっている日本人って、たまに現れますよね。でも一九三〇年代にもっとこうした人に登場してほしかった。

9　大隈重信…もと佐賀藩士。伊藤・黒田内閣の外相として不平等条約改正に取り組んだのち、板垣退助と憲政党を組織して日本初の政党内閣（隈板内閣）を組織。第二次内閣の時、中華民国に二十一か条の要求を突きつけた。

10　金子堅太郎…福岡藩出身の官僚政治家。渡米してハーバード大学で法律を学び、帰国後、伊藤博文のもとで大日本帝国憲法の起草や内閣制度の創設に携わった。

11　高橋是清…日銀総裁、蔵相を経て首相。田中義一内閣の蔵相として金融恐慌を収拾。二・二六事件で暗殺される。

12　森有礼…旧薩摩藩士の外交官で、明六社創立を発議した啓蒙思想家。帝国憲法発布の日に刺され翌日死去。

13　陸奥宗光…もと紀州藩士。幕末に坂本龍馬の海援隊に加わる。第二次伊藤内閣の外相として日英条約の改正に努め、日清戦争では下関条約の全権として活躍した。

14　ベンサム…イギリスの哲学者・経済学者。功利主義哲学を創始し十九世紀初期の産業資本家の理論的背景になった。

日英同盟の破棄は失敗だったのか？

簑原　日本外交の失敗の一つに、日英同盟[15]を終わらせたことをあげる人もいますよね。

本郷　イギリスはロマン枠なんですよ。

簑原　最近の歴史の本を読むと、いまだにイギリスを高く評価している学者は多くいて、彼らは日本外交の失敗はワシントン会議で日英同盟を破棄したことが原点にあるといいます。本当に不思議な議論でしかないんですが、日英同盟さえあれば日本は太平洋戦争を回避できたみたいなことまでいうんですよ。

　現在、イギリスはブレグジットを経てEUを離脱し、孤立化を避けるために日本にも積極的に接近しています。これを踏まえて、第二次日英同盟の到来と大げさにいう人もいます。イギリスは斜陽国家ですし、このような遠い国と組んでも日本の国益に対するプラス要素は限定的でしょう。現実を見る目がないのか、過去に縋るロマンチシズムに惑わされている結果かはわかりませんが。

本郷　日本の皇室とイギリスの王室には、何か類似性みたいなものがあるんでしょうね。先生がおっしゃるように、落ち目のところと手を組んでいいことがあるのかというのはありますよね。だけど、「ファイブアイズに入らないか」といわれると、何か嬉しくなる人もいる。イギリスに認められるとすごい自尊心が満足できるというか。

簑原　戦前の日本は、もっとアメリカについて理解するべきでした。でもアジアにおける当時のプレゼンスはイギリスの方が圧倒的に大きかった。だから一九三〇年代後半、イギリスさえなんとか対処しておいたら、あとはフリーハンドを得られると考えたんだと思います。

でも、実際は違うんですよ。ドイツと戦っているイギリスが日本の圧迫に対して腰が引けた途端、今度はアメリカが立ちはだかるわけですから。アメリカとイギリスとでは国家の規模はまったく異なります。国力が違うんですね。だから、イギリスのようにはならない。

そもそも日英同盟は、イギリスの一存でやめますといったわけではありません。日英同盟というと、どうしても日本人の学者の多くは、日本とイギリスのバイの関係だけでとら

15　日英同盟…一九〇二年、ロシアのアジア進出に対抗するために結ばれた同盟。第一次世界大戦後に日米英仏による四か国条約が締結され、一九二三年の批准書交換に伴い消滅した。

えようとします。しかし、当時の「大英帝国」には、後年のイギリス連邦[16]、コモンウェルスをなす国々があって、オーストラリアやカナダの意向も無視できなかったという視点が完全に欠落している。

特にカナダはイギリスが日本と同盟関係を続けていたことが不満で、圧力をかけてきました。白豪主義[17]オーストラリアも日本に対して相当な脅威を感じていたけど、ワシントン軍縮条約によって日英同盟にさして価値を見出さなくなりました。イギリスにしてみれば各国との関係を天秤にかけざるを得ない。日本との関係と連邦の結束のどちらが大事か選択を迫られて、後者を選んだわけです。

つまり、いかに日本が日英同盟の存続を求めたとしてももはや寿命は尽きていたんです。だいたい、イギリスに継続の意思がなかったわけで、日本の意思によって破棄されたものではありません。このあたり、一部の日本史研究者は歴史観を改める必要があるように思います。日本側の視点でしか見ていないんですよ。

本郷　勉強になるなあ。

簑原　そもそも日英同盟の存在こそが当時のイギリスの国力の限界を端的に示していたわけですよね。だって、「光栄ある孤立」がイギリス外交の伝統だった時代があるじゃないですか。どことも結ばないと。それなのに、東洋のこれまでずっと格下と扱ってきた黄色人種の国と握手したという事実は、イギリスの趨勢に陰りがみえ、衰退局面を迎えていたということを意味します。

本郷　確かに。

簑原　あれだけ日本をナメていた国が、今度は日本をもちあげて同盟を結んだ。つまり、もはや日本の協力なくしては、東アジアにおける国益をイギリスはもはや担保できないと判断したことになります。

国民感情に配慮しなかった幣原外交

本郷　イギリスがもはや覇権国でないことを自覚するのはいつごろなんですか。

簑原　第一次世界大戦中ですね。それまでのイギリス海軍は世界ナンバーワンでしたが、

16　イギリス連邦…イギリスを中心にかつての植民地と属領から構成される連合体。当初の構成はカナダ・オーストラリア・ニュージーランド・南アフリカ連邦・アイルランドなどからなり、現在も五十数か国が加盟している。

17　白豪主義…白人優先主義に基づいて有色人種の移民を制限するオーストラリアの政策。十九世紀半ばから急増した移民を制限するために制度化され一九七〇年代まで続いた。

第一次世界大戦で大打撃を受けてから、徐々にアメリカと歩調を合わせて対外政策を進めるようになります。

本郷 そこから先生のいわれる米英協調の時代になると。

簑原 アメリカが参戦する一九一七年から、太平洋戦争が終結する一九四五年八月までの間ですね。

本郷 でも、イギリスは太平洋戦争で結構日本に苦戦していましたよね。

簑原 戦争前から、イギリスは日本に対してすでに屈服していましたよ。

本郷 そうなんですか。

簑原 開戦前の外交交渉として有田・クレーギー会談[18]というのがあったのですが、イギリスは日本に全面譲歩します。この時、欧州情勢はドイツによって分厚い暗雲が垂れこめていましたからね。事実、二か月後に英仏とドイツによる欧州戦は勃発します。

本郷 ああ、もうヘロヘロだったんだ。

簑原 そうなんですよ。もう余裕がなくて、日本が何か要求すれば、何でもハイと。それで日本は結構調子に乗ってしまうんですね。イギリスしか見ていないから。でも日本がイギリスを圧迫して、イギリスが屈服すると次はアメリカが前面に出てくるんです。

おそらくこれは現在でもいえるのではないでしょうか。つまり、中国が日本を圧迫して、日本が万一屈服することがあれば、アメリカが前面に出てくるのではと思います。アメリカは伝統的に、一勢力がアジアで圧倒的な地位を占めるのを嫌がりますからね。常にアメリカにも門戸は開いてなければならないと。

本郷　なるほど。

簑原　アメリカはヨーロッパを見ている一方、早い段階から太平洋を向いている国でもあるんです。

本郷　ペリーの時代から、アメリカはある種の公平さをもっていたと教えてくださったじゃないですか。そういう意味でいうと変わらないわけですよね。アメリカ流の正義みたいなものをもち続けているというか。

簑原　間違ったこともよくしますが、他方で正義感もありますね。

18 有田・クレーギー会談…一九三九年七月、天津租界問題（日本陸軍が天津のイギリス人居留地を封鎖した事件）の解決のために有田八郎外相と英国大使クレーギーが東京で行った会談。イギリス側の妥協によって、同国は中国で日本軍を妨害しないという原則的取決めが成立した。

本郷　だから一応、バイデン大統領が勝ったわけですよね。

簑原　今のところ軌道修正のメカニズムはまだ機能しています。ただ、一月六日の連邦議会襲撃事件、さらには多くの保守が二〇二〇年の大統領選挙は不正だったと信じこんでいることを見ると、将来において大きな不安要素もあります。アメリカは民主主義を失うという国家的体験がないからこそ、民主主義の尊さを本当の意味でわかっていないところがあるのかもしれません。

本郷　揺り戻しがあるという意味では、アメリカは懐が深いわけですね。

簑原　『アメリカ政治』という本を書いたブライスというイギリスの駐米大使が、幣原喜重郎[19]にそのように説教してますね。

一九一三年に第一次排日土地法[20]が成立した時、幣原は国務省に抗議したのですが、のれんに腕押しで全然、応えようとしてくれない。幣原がそのことをブライスにぼやいたところ、彼は「アメリカはそういうおかしな国だけど、最後は正しいことをするだろうから、ここは我慢しなさい」といったそうです。ブライスの念頭にはアメリカが姿勢を転換させたパナマ運河関税問題があったんですね。

幣原は素晴らしい外交官ですが、スーパーエリートだったので国民のことがあまり目に入っていないところが欠点でした。この十一年後の一九二四年に排日移民法が成立したとき、日本の世論は沸騰します。当時の新聞広告を見ると「カルピスを飲んで排日と戦おう」みたいなコピーまで出ていて、こうした露骨な差別に日本人はよほど憤りを感じたんでしょうね。

しかも、これが関東大震災[21]の直後で、なおさら怒りは膨れ上がったんだと思います。でも、幣原をはじめ日本の外交官の反応はどこか冷めていて、排日移民法が成立してもさして実害はない、貿易ができないわけではないし留学生も送れるというんです。

でも、多くの日本人にとっては、そういう問題じゃないんですよ。面子の問題なんです。日本が二等国の扱いを受けたということに対して怒っているのだから、そこはちゃんとケ

19 幣原喜重郎…加藤・若槻・浜口内閣の外相を務めた。ワシントン体制下での協調外交は「幣原外交」と呼ばれたが、軍部・右翼からは軟弱外交のレッテルを貼られた。太平洋戦争終結後に組閣し日本国憲法の草案作成にあたった。

20 第一次排日土地法…一九一三年、日本人移民の排斥を目的として成立したカリフォルニアの州法。日本人の土地の所有権や借地権が規制された。

21 関東大震災…大正十二年（一九二三）九月一日、相模湾北西部を震源として起こったマグニチュード七・九の大地震。東京市・横浜市の大部分が廃墟となり、死者・行方不明者は十万人を超えた。

アしないといけないんです。

第一次世界大戦以降の日本外交は、もはやエリートの意思だけでは動かせないんですよね。日本もだいぶ民主化しているので世論も大事になってきている。

本郷 まさに、大正デモクラシーがそういう状況を生んだと。

簑原 そうですね。こうした国益がからまない問題で日米関係をこじらせたくないという幣原のリアリズムがあったのは間違いありません。その一方で、憤怒する国内の世論もきちんと受け止めて、国民を納得させる努力も必要だったのではと思います。今でいえばパフォーマンスですね。岸田首相だっていうじゃないですか。北朝鮮がミサイルを発射すると「断じて容認できない」って。彼が容認しようがしまいがまったく関係ないんだけど、一応いいますね。これがパフォーマンスです。あくまでも国内消費用の発言。

リベラルが背を向け右翼が台頭

本郷 排日移民法が「脱欧入亜」への契機になったわけですね。

簑原 ブーメランみたいな感じでしょうか。西洋、特にアメリカにはじき出されてしまったので、もう自分たちは独自路線でやっていくと。

しかも当時、日本では人口爆発の問題がありました。その余剰人口のはけ口として、大陸がいっそう重要になっていきました。特に満州ですよね。

本郷　僕は本当に残念だなと思っていて。あの時、日本が、たとえば中国と仲良くやるとか別の道を模索できていたらなと。満州建国がよくなかったのかな。

簑原　この時、石橋湛山[22]もそういうようなことをいっていましたね。われわれはアメリカに排斥されて怒っているけど、自分たちだって中国人を差別しているじゃないかと。植民地をすべて放棄する小日本国主義という考え方まで主張したものの、当時は誰も聞く耳をもちませんでした。

本郷　石橋湛山というのは、たった五十日しか首相の座にいませんでしたが、在任期間の短さではとうてい計れない人物ですよね。

簑原　排日移民法に対する彼の姿勢は明らかに少数派ですね。だって新渡戸稲造[23]や吉野作

22　石橋湛山…東洋経済新報社に入社し、自由主義経済の論客として大正デモクラシーを牽引。植民地政策や軍備の撤廃による小日本主義を唱え、戦後は政治家となり、経済閣僚を経て首相となったが、病により二か月で退陣した。

23　新渡戸稲造…札幌農学校でクラークに学びキリスト教徒となる。欧米に留学し東京帝国大学教授、東京女子大学学長などを経て国際連盟事務局次長に就任。国際的日本人として世界平和に尽力した。

造[24]などの国際協調主義者もこぞってアメリカに抗議したわけです。

新渡戸や吉野のようなリベラルの人たちがアメリカに背を向けてしまうと、軍部や右翼が台頭する隙を与えてしまいます。不合理なアメリカの行動を前にして、彼らの方が日本の世論に訴える力が大きくなるんですね。こういう時は、どうしても右寄りの思想がつい説得力をもってしまう。

おもしろい研究があって、それによれば排日移民法が成立した翌一九二五年から右翼団体の数は急増しているんです。だから、日本人にはアメリカから排斥されたことに対して切歯扼腕する気持ちは随分あったことがわかります。

軍部はそうした国民の気持ちをうまく代弁しました。ほら見なさい、アメリカは自国の利益しか考えてない勝手な国家だと。だから、われわれは自分で運命を切り拓かねばならないと。われわれの運命はアジアとともにある、という議論になっていった。

本郷　あと、日本の知識人は、みんな漢文など中国的な教養をもっていますから、やはりそちらの方が落ち着くというのもあったのかもしれません。夏目漱石はいわずと知れた日本文学のナンバー1で、英文学を教えていたのに、一番得意だったのは漢文だったという話もあるくらいで。

当時の右翼は高い教養を備えた人が多かったので、アジア回帰というのは自然な発想だったのかもしれません。

24 吉野作造…欧米留学後、東京帝国大学の教授を務めるかたわら、『中央公論』を中心に民本主義を唱え大正デモクラシーの理論的指導者となる。キリスト教的ヒューマニズムに基づいて「人民の意思に基づく支配」を説いた。

第十二章

大恐慌・満州事変・日中戦争

——現状変更と国際政治体制への挑戦——

時代を読む

満州事変から日中戦争へ

第一次世界大戦後、中国では民族運動が活発化し、国民党の蔣介石は国民革命軍を率いて北伐を開始し南京に国民政府を樹立した。

これに対し、日本政府は満州の権益を守る方針を固め、満州軍閥の張作霖を支援し山東出兵を行った。昭和三年（一九二八）、関東軍（満州駐屯の日本陸軍）は満州の直接統治を企て張作霖を爆殺する。しかし、後継者の張学良が満州を国民政府の土地と認めたため満州占領は失敗し、国民党による中国統一が達成された。

一方、日本国内は、ウォール街の株価暴落から始まった世界恐慌による不況に喘いでいた。都市部では企業倒産により失業者が増大し、農作物の価格は暴落して東北地方を中心に農家は困窮した。浜口雄幸内閣は欧米との軍縮条約に調印するなど協調外交を続けたが、同五年、浜口首相は右翼に狙撃されて退陣。中国では国権回復や日本排斥が活発になり、軍部は危機感を強めていく。

同六年九月、石原莞爾を中心とする関東軍が、奉天郊外の柳条湖で南満州鉄道の線路を爆破し、中国軍の仕業であるとして軍事行動を開始（満州事変）。満州国という傀儡国家を建設して清朝廃帝の溥儀を元首とした。蔣介石から解決をゆだねられた国際連盟は、これを日本の侵略と断定したため、同八年、日本は連盟を脱退する。

満州事変後、陸軍内部では青年将校を中心に天皇親政をめざす皇道派と、幕僚を中心として総力戦体制をめざす統制派が対立。同十一年には皇道派の将校が斎藤実内大臣・高橋是清蔵相らを殺害し、国会を占拠する二・二六事件が勃発。この事件ののち、皇道派を抑える意図から、陸海軍大臣を現役の大将・中将に限る軍部大臣現役武官制がとられ、閣僚人事や軍備などに対する陸軍の介入が強まっていく。

この間、中国では日本が中国北部を国民政府から切り離す華北分離工作を進めたため抗日運動が激化。共産党と国民党は内戦を停止し日本への抗戦を決意する。

同十二年、北京郊外の盧溝橋付近で日中両軍が衝突する（盧溝橋事件）。これを機に、日本と中国の間で戦端が開かれ、八年におよぶ日中戦争が始まった。中国では国民党と共産党が連携して抗日民族統一戦線が成立（第二次国共合作）。日本は大軍を派遣し、南京・徐州・漢口・広東など主要都市を次々と占領したが、国民政府は重慶まで退いてゲリラ戦で抵抗したため、戦争はドロ沼の様相を呈していく。

石原莞爾のブラックユーモア

簑原　一九二九年大恐慌と一九三一年の満州事変はセットで考える必要があると思います。大恐慌がなかったら第二次世界大戦もなかったと考えるからです。

本郷　確かにそうですね。

簑原　経済が当時の世界情勢におよぼした影響はかなり大きかったと思います。

本郷　日本に限定しても、その考え方はすごく説得力がありますね。大恐慌があったから満州事変があり、中国との戦争に引きずり込まれたという流れは確かにあったと思います。

簑原　日本の政治主導者がブレーキを踏めなかったのが大きかったですね。軍部がますます言うことを聞かなくなり、その結果、満州事変につながりました。満州事変は陸軍による事実上の国外におけるクーデターだと私は考えています。

本郷　石原莞爾[1]ですね。

簑原　はい。おもしろいのは、そのあと石原は軍を退役後に立命館大学で国防学を教えているんです。

本郷　そうですか。

簑原　そこで彼が話している内容がおもしろいんです。軍人はしょせん戦争のことしか考えていない。だからあなたたちはもっと国防のことを勉強してわれわれを止めなくてはいけないんだといっている。

本郷　そうなんですか。そういうことをいってるんだ。

簑原　めっちゃ無責任というか皮肉じゃないですか。石原がそれをいうところに、強烈なブラックユーモアを感じます。

本郷　僕の場合、石原莞爾というと、つまらないエピソードですが、みんなの前でウンコをしてみせたというエピソードが印象深いんです。

簑原　へえ、そんなことがあったんですか。

本郷　自分の軍隊を一番強くしたい、そのためには上下の違いがあってはならないということらしいですね。みんなの前で恥をかくことで、自分たちの上官は偉ぶっている人では

1　石原莞爾…日蓮宗系の宗教団体・国柱会に入り日本を世界の盟主とする構想を抱く。陸軍大学校教官、参謀本部作戦部長などを歴任。関東軍参謀の時、板垣征四郎と満州事変を起こしたが、日米決戦を想定して日中戦争の不拡大を主張し、東条英機と激しく対立した。

ない、同じ人間だということを見せるために、みんなの前でウンコをしたんです。

簑原　それはとてつもなく下品だけど、おもしろいですね（笑）。アメリカは将校と下士官や兵隊の生活は全然違うんです。まるで別世界に暮らしている。でも、日本の自衛隊はほぼ一緒なんですよね。同じ釜の飯を食べるという価値観は、今の自衛隊にもありますよね。平民主義のようなものがあって、すごくおもしろいなと。

「人の命の重さ」に対する日米の認識

本郷　世界の軍隊に比べて日本は、将校は無能だけど下士官が優秀で、そこに日本軍の強さがあったという話を聞いたことがあります。

僕がよくわからないのは、日本軍は玉砕しちゃうじゃないですか。アメリカは玉砕しないけどものすごく強い。その違いはどこにあるのでしょう。

簑原　私が思うに、日本は国として貧しいがゆえに、人間が消耗品になってしまったのではないでしょうか。民主主義というのは国の豊かさとともに成熟していき、その過程で人命は大事だという考え方が出てきますからね。

そうなると、人命を守るためにそれなりのコストを払うという発想が生まれる。たとえば、アメリカの飛行機って見た目は不格好なんですけど、操縦席まわりに防弾用の鉄板がしっかり張られていて、「生きて帰ってきなさい」といった堅牢な作りになっている。
艦長も、日本は艦と運命を共にしますね。でも、艦長を育てるのに最低二十年はかかります。戦争は二十年も続きませんから、生きて帰らなくてはだめなんですよね。さらに、船を造るのに二十年も要しません。こうしたソフトの部分で日本は合理性が欠けているような気がします。でも経済力がなかったから致し方ないんですよね。だから精神論でカバーする。当時の日本軍にはモルヒネやペニシリン等の医薬品もないですよね。

本郷　本当にそうですね。日本には飛行機がないというけど、それより先にベテランパイロットがいなくなっちゃったわけですから。

簑原　そうなんです。ミッドウェー海戦で腕利きのパイロットを多く亡くしました。もっとも、これは防弾性能に起因する結果ではなかったですが。

本郷　パイロットを一人育てるのに、いくらかかったのかというコスト感覚がないんですよ。そこが日本軍の弱さなのでしょう。
日本軍で強いのは東北出身者の部隊らしいですよね。対照的なのが「またも負けたか八連隊」の歩兵第八連隊。[2] 負けたらみんな蜘蛛の子を散らすように逃げちゃうじゃないですか。

簑原　「……それでは勲章九連隊（くれんたい＝くれない）」と続く有名な里謡ですね。大阪市の法円坂を拠点に、陸軍創成期の明治七年（一八七四）に設けられた由緒ある連隊です。大阪人を中心に関西人が多く占めていたので、私も商売人気質から戦うのが嫌だから弱いのかなと勝手に思っていました。ところが調べてみると、萩の乱に始まり、第二次世界大戦中もけっこう勇敢に戦っているんですよね。弱いことは決してない。ただ、商人らしく合理的に考える者が多いので、意味のない戦いは避ける傾向があったみたいです。私からいわせれば、まさにリアリズムがあった連隊です。でもその代償として「弱い」というイメージが定着してしまった。あえて反論しなかったところに関西風の「ボケ」精神があったのかもしれないですね（笑）。他方、東北の部隊は辛抱強く守り、九州の部隊は勇ましく戦うと聞いたこともあります。

本郷　九州だとまだ明るいイメージがありますが、東北が強いというと、何か悲哀のようなものが感じられて。みんな生きるのに大変だったんだろうなと思います。

南北戦争の時、アメリカ人同士が戦うことにものすごく抵抗感を抱いた人が多かったと聞いたことがあります。撃てといわれたら半分以上の兵が空に向けて発砲して、人に向けて撃たなかったとか。そういうことは日本軍には起こらないでしょうね。

簑原　人間は本能的に人を殺すのは嫌なんだと思います。しかも、目の前に見える人間は特に。だから、だいたいどの戦争も一割の兵隊だけが殺しの九割をやっていると読んだことがあります。戦争という異常状態において、平時では決して許されない能力を発揮する人たちがいるみたいです。

本郷　そうなんですか。嫌だなあ。

簑原　まるでハンターかのように生まれつき人殺しが好きな人がいるらしいんです。戦争は合法的に人を殺せる場だから彼らは喜ぶんです。インタビューの中である狙撃兵が一種のハイな状態に陥るといってました。もちろん、彼の周囲にいる兵隊はもう奇異な変人としかみてませんね。たいていの兵隊は、無意識のうちに銃を上方向に構えてしまい、敵に弾がなかなかあたらないようです。

2　歩兵第八連隊…明治陸軍創設期に大阪鎮台（のちの第四師団）におかれた歩兵連隊で、佐賀の乱や西南戦争、太平洋戦争のフィリピン戦などに出兵した。損得勘定にさといという大阪人のイメージから「またも負けたか八連隊、それでは勲章九連隊（くれんたい＝もらえない）」と揶揄された。

本郷　普通はそうなりますよね。

簑原　でも、戦死者の多くは火砲で死んでいるんです。これだと飛距離が長くて敵は見えないからあまり躊躇しません。ウクライナ戦争でも被害の大多数は火砲によるものです。

本郷　自分の引き金で人が死ぬのは、みんな嫌でしょうね。

簑原　戦場で人の死を日常的にみていたら、どこか頭がおかしくなりますよね。これもPTSD（心的外傷後ストレス障害）になる理由の一つなんでしょうね。

「満州国」建国の意味

本郷　ところで満州事変や満州国の建国というのは、どこがおかしかったんでしょうか。

簑原　現状を突如変更するという意味で、南沙諸島[3]の問題と一緒ですよ。中国が自国の核心的利益を一方的に主張するように、日本も満州国を建国したあとに「満蒙は日本の生命線」といい放ちました。

本郷　既成事実を積み重ねようとしたところはあざといですが、当時の日本にはそれくらいしかできなかったんでしょうね。

簑原　他方で、満州は中国の一部ではなかったという点がポイントですよね。

本郷　確かに。

簑原　満州が中国プロパー（固有の領地）に属さないことは、当時のアメリカの政策決定者もわかっていました。そこのあたりが共産党中国の史観によって、今ではごっちゃになっていますよね。万里の長城が満州の南側に造られているのは、満州がもともと中国ではなかったからなわけで。

本郷　そうですね。

簑原　日本は満州をとって、ほかの列強にも市場アクセスを解放すればまだ問題は少なかったのではと思います。まだ、帝国主義が完全に否定されている時代ではありませんでしたし、英仏蘭はこうした利権を得ているわけです。だけど当時の日本は満州を閉じて自分たちだけのものにしようとしました。だから、反感を買ったんです。

本郷　満州事変のつまずきがあったから、犬猿の仲だった石原莞爾と東条英機[4]の出世に差

3　南沙諸島…中国・ベトナム・フィリピンなど六か国が領有を主張している南シナ海南部の諸島。中国が二〇一四年から、暗礁の一部に人工島を築き領有を既成事実化しようとしたが、オランダ・ハーグの常設仲裁裁判所に国際法違反と断定された。

がついてしまったのかなとも思います。

簑原　東条も指揮官として戦うタイプの人じゃないですから。

本郷　そうですね。陸軍幼年学校に行っていた人たちによると、東条がアヘンの密売でべらぼうに儲けていたと聞いたことがあります。

簑原　それを政治工作に利用したとか聞きます。とにかく闇の部分が深い人です。

本郷　幼年学校に入る時も、オマケで入学させてもらったらしいですね。お父さんの東条英教が陸軍中将だったので、どうにか合格できたとか。

簑原　そうなんですか。勉強はできるのかと思っていました。

本郷　できなかったんですよ。幼年学校の人たちもみんないっています。だから、石原莞爾に対して劣等感をもっていたという話もありますね。

簑原　石原は天才肌ですからね。

本郷　やっぱりね。

簑原　でも天才って、時としておかしなこともしてしまうんですよね。自分が一番よくわかっていると思い込んでいるので。それで石原は満州事変を起こしてしまった。しかも、そのあとがひどいんですよ。今度は満州を守るという名目で緩衝地帯を設けようとして華北分離工作に踏みきる。本当のねらいはさらなる権益の拡大だったんでしょうが、ともあれこれは明らかに中国の国土を侵していますよね。

本郷　でも、石原は日中戦争には反対でしたよね。

簑原　そうです。でも、無責任なんです。彼は世界最終戦論[5]を唱えていて、白人との最終戦争に備えて力を蓄えて結束しなくてはいけないと説いた。いずれ西洋と戦うのなら、むしろ中国と戦争したらだめですよね。東亜連盟が肝要ですから。

本郷　そうですね。

簑原　彼の後輩たちにいわせれば、「何をいっているんですか、石原さん。あなたが始めた仕事を、われわれが終わらせようとしているだけじゃないですか」ということになる。

本郷　そうなりますよね。

簑原　でも、世界最終戦論みたいな主張に行き着くところが、石原の頭の中のスケールの

4　東条英機…関東軍参謀長、陸軍次官を経て近衛内閣の陸相となり対米英開戦を主張した。のち首相となり太平洋戦争を主導したがサイパン陥落の責任を取り辞任。戦後、東京裁判で裁かれA級戦犯として絞首刑に処せられた。

5　世界最終戦論…石原は近い将来、西洋代表のアメリカと東洋代表の日本が世界一の座をめぐって世界大戦を行うことを構想し、その第一目標として満州領有を実行した。

大きさを表していますよね。日本側陣営にトルコも構想に入っていますから。そしてアルマゲドン[6]を経たあとのユートピアの達成といったところでしょうか。

日本にも理解を示したリットン調査団

本郷　満州事変が起きた昭和六年（一九三一）九月十八日は僕の母親の誕生日なので、日付まで覚えているんです。

簑原　そうなんですか。でも、当時の日本人はその日、ずいぶんとスカッとしたみたいですね。ガス抜きが必要だったのでしょう。大恐慌で経済はよくなかったですし。

本郷　そうですね。

簑原　真珠湾の時も、いろいろな人の日記や当時の記録を見ると、みなさん、いい気持ちに浸っているんです。ついにアメリカに一発かましてやった、というような見解が多数を占めていました。そのあと、どうなるかなんてあまり考えていませんね。

本郷　とりあえず勝てばいいだろうと。

簑原　とにかく気持ちがいいんでしょうね。逆に満州事変がなければ今のコロナ禍のように、モヤモヤした時代が続いていた可能性もあります。

本郷 そういわれると、わかるような気もしますね。それでも満州事変に対して、とんでもないことをしてしまったと考える知識人はいたんでしょうか。

簑原 絶対数として少ないですね。実は満州事変のあと、リットン調査団[7]は結構公平な報告書を作成しているんです。日本にも言い分はあると。

本郷 ありゃ。リットン調査団は日本＝悪、と決めつけてるんじゃないんだ。

簑原 でも、日本はこの報告書を完全にはねつけてしまったじゃないですか。そして何よりも残念なのが、国際連盟を脱退したことですよね。そこで、松岡洋右がジュネーブで「十字架にかけられた日本」という名演説をするんです。彼は若い時、オレゴン大学に留学しているのでネイティブの英語をしゃべりますから。当時会場にいた外交官の手記を読むと、松岡のスピーチはすごかった、ここまで効果的に日本の行動を擁護する演説はなか

6 アルマゲドン…『新約聖書』「ヨハネの黙示録」十六章に記された、神と悪魔による最終戦争が行われる場所。ここから、世界の命運を決する最終戦争をさす言葉になった。ハルマゲドン、アーマゲドンともいう。

7 リットン調査団…国際連盟が満州問題の調査のために派遣したイギリス人リットンを代表とする使節。満州国が自発的な民族独立運動により建国されたという日本の主張を否定する一方、日本の権益も認め、中国の主権下に自治政府を作る解決案を提示した。

なかできないと。

本郷　随員を引き連れて堂々と退場したとか。

簑原　そう。でも、この時、松岡は国際連盟を脱退するとはまったく考えていないんですよ。

本郷　えっ⁉　そうなんですか。

簑原　あれはハッタリですよ。四大国の一員という地位を与えられている国際連盟を脱退するなんておかしいじゃないですか。日本の左翼史観によると、満州事変が起きた時、日本はすでにアメリカに戦争をしかけていたという見方もありますが、それは間違っています。いわゆる、十五年戦争史観ですね

そもそも、一九三三年の塘沽《タンクー》停戦協定[8]で満州事変は一応のキリはついてますから。また、満州国に対するアメリカの世論もそれほど厳しくなかった。大恐慌によって国内問題の方がはるかに重視されていた時期ですし、何より当時のアメリカは孤立主義がものすごく強かったんです。トランプ大統領の時のようなアメリカ・ファースト運動が国内で旋風していて、とにかくヨーロッパの混乱になにがなんでも巻き込まれたくないという強烈な警戒感がありました。完全に内向きなアメリカですね。こうした状況では満州のような遠い地

の話はどうでもよかった。

因みに、アメリカの知日派の認識を急変させる転機となったのが、日中戦争勃発直後の第二次上海事変[9]ですね。この時、日本軍は上海を空爆したんですが、多くの市民が居住する都市を無差別攻撃したことに、彼らは大きなショックを受けたんです。もはや日本の行動は擁護できないと。

しかもさらに具合悪いことに、上海は国際都市なので海外メディアが常駐していたため、証拠になる写真がたくさん撮られてしまった。この事件によって、普通のアメリカ人も日本に対して違和感をもちはじめるんですね。まさしくアジア版ゲルニカ[10]です。もっとも、だからといって対日戦争に踏みきろうという人はあまりいませんでしたが。

本郷　明治維新が太平洋戦争を不可避にしたという話がありますが、今のお話でそれは明

8 塘沽停戦協定…満州事変の収束に向けて関東軍と国民政府軍が交わした協定。華北に非武装地帯が設定され、満州は事実上中国から切り離された。
9 第二次上海事変…昭和十二年（一九三七）八月、日本海軍の将校射殺事件を口実に始まった日中の軍事衝突。日中全面戦争のきっかけとなった。
10 ゲルニカ…スペイン北部バスク地方の都市。スペイン内戦中にドイツ軍によって都市無差別爆撃を受けた。

確に否定できますよね。

簑原　私は完全に否定できると思っています。

本郷　満州事変ですら太平洋戦争には直結しないならなおさら。

簑原　少なくとも当時のアメリカ人はそのように考えていませんね。特にアメリカのエリート層にこうした考えは稀有です。アジアを安定させるためには日本の力が必要であり、どうにかして味方としてつなぎとめておきたいと思っていますから。もちろん、中国との関係を重視する人もいます。アメリカでは、アジアにおいて組むのは日本なのか、さもなければ中国なのかは永遠のテーマですね。現在は明白にその答えは日本となりますが。

本郷　国民党が中国全土を支配してない段階では、日本の方がまだマシだろうという考え方があったのでしょうね。

簑原　アメリカにとっては、経済的にも日本の方が確実にうまみがあるんですよ。人口は中国より少ないものの、お金がないとモノは買えませんからね。だからアメリカにとって大事なのは、明白に日本の方だったんです。しかし、以前お話ししたようにモノを売る必要のないアメリカの宣教師たちは違いましたね。彼らは人の多い中国に魅力を感じ、無垢で哀れな中国を日本がいじめているととらえていました。おもしろいことに、国務省内の中国派の多くは、中国に渡った宣教師たちの子どもたちです。幼少期に中国に住んでいたから、感情的な思い入れがあるんですね。逆に日本派は生粋のリアリストで、日本に住んだこともないし、日本語も喋れないけど、アメリカの国益を踏まえて日本がより重要なパートナーであると考えたんですね。

中国はドイツの武器実験場

簑原　当時の中国国民党軍は、ドイツ軍と同じベンツのトラックや最新鋭の銃火器、フリッツヘルメットを使っていました。スペイン内戦[11]と同じように、ナチスにとって中国は武器の実験場でもあったんですよ。

本郷　ひどい話だ。

簑原　日本からしてみれば、とにかくナチスドイツが国民党に武器を売るのをやめてほしかった。そうした事情も、日本がドイツに接近した背景にありました。

11　スペイン内戦…一九三六年七月〜三九年三月。人民戦線政府に反対する将軍フランコを独伊のファシズム勢力が援助。英仏は不干渉政策をとり政府軍を援助せず、ソ連と国際義勇軍が援助するも政府軍が敗れた。

本郷　そんな話、初めて聞きました。

簑原　日本とドイツは三国干渉以降、基本的に仲は悪いですからね。第一次世界大戦では、ドイツがもっていた青島やサイパンを含む南太平洋の島々の権益が日本のものになりました。

本郷　伊藤博文が憲法を学びに行ったり、第二次世界大戦の三国同盟もありましたから、ドイツと日本は親しいイメージがありますよね。

簑原　陸軍も普仏戦争のあと、ドイツの兵制を導入していますし。

本郷　勘違いしている人は多いですよね。

簑原　そうなんですよ。仲が悪かった期間の方が長いんです。アドルフ・ヒトラー[12]の『我が闘争（マイン・カンプ）』でも日本人のことはよく書かれていませんね。残念ながら和訳版ではこの部分はすっかり落とされていますから、同書を読んだ日本の陸軍軍人はヒトラーに魅せられてしまった。

本郷　今でも、何でドイツは中国を応援するんだ、日本を支持してくれないんだって不思議がる人も多いですよね。

簑原　でも、ドイツは数年前から変わりました。中国は危ないということに当時のアンゲラ・メルケル首相もやっと気づきましたし、後任のオラフ・ショルツ首相も引き続き中国に対する警戒感を持っています。実際問題、ドイツの有力企業が中国に買収され、ベンツ株も相当な割合を中国人投資家がもっているわけですから。ただ、インド太平洋に利権をもたないという意味では英仏と比べて腰が引けている感は否めないですね。

でも日独の関係はおもしろいですよ。日本人はドイツ人に対してある種の憧れがあるんですけど、ドイツ人に聞いてみると日本人に対する憧れはそこまではなく、むしろ競合相手としてみてますね。でも新しい国際秩序が形成されていくなかで、先の戦争の敗者という意味で日独がより連携していってもなんら不思議ではありません。現に、それぞれ世界第三と第四のGDPを有する国が国連の常任理事国でないというのは実に妙で、単にポスト一九四五年の勝者による戦後体制がダラダラと続いていることを意味しますからね。

本郷　日本に憧れる要素なんかないでしょう。こういう自虐も日本人の特徴ですけど。

12　アドルフ・ヒトラー…オーストリア出身。ナチスを第一党に引き上げ、大統領と首相を兼ねて総統となり独裁政権を樹立。反ユダヤ主義やゲルマン民族の優越性を主張し各地を侵略したが、ドイツの降伏直前に自殺した。

第十三章

開戦期

――真珠湾と日本の敗北――

時代を読む

第二次世界大戦の勃発と日米開戦

日本が中国への進出を拡大していたころ、ドイツではナチス党のヒトラーが独裁政権を樹立し国際連盟を脱退。イタリアではファシスト党のムッソリーニが政権を握り、エチオピアへの侵攻を開始するなど、英仏への敵対姿勢を鮮明にしていた。

一九三九年、ドイツがポーランドに侵攻し第二次世界大戦が始まる。日本は当初、不介入の立場をとったが、アメリカの対日制裁やドイツ軍の躍進を受けて南方進出を決定する。ドイツに降伏した西欧諸国の植民地の占領、国民政府への補給路（援蔣ルート）を遮断し、停滞していた日中戦争の戦局を打破することがねらいであった。

一九四〇年九月、日本は北部仏印（フランス領インドシナ北部）に進駐するとともに日独伊三国同盟を締結した。国内では近衛文麿首相を中心として大政翼賛会が発足し、全国民を戦争協力に動員する体制がつくられていく。

翌年、日本はソ連と日ソ中立条約を結び、対米英戦を覚悟のうえで南部仏印進駐を強行する。対するアメリカは米国内の日本資産の凍結、日本への石油輸出禁止などの制裁措置を発動し、日本の東亜新秩序建設の動きを牽制した。

同年十月、開戦を主張する軍部の声を受けて東条英機内閣が成立したのちも、引き続き日米交渉が行われたが、アメリカが中国・仏印からの撤退や満州国の否認、三国同盟の破棄などを条件としたため交渉は決裂。天皇臨席の御前会議で開戦が決定され、十二月八日、日本軍のハワイ・真珠湾への奇襲攻撃により太平洋戦争が始まった。

日本軍はハワイやマレー沖で米英軍に打撃を与え、わずか半年でマレー半島やシンガポール、ビルマ、フィリピンなど東南アジアから南太平洋にまたがる広大な地域を制圧した。しかし、一九四二年六月、中部太平洋のミッドウェー海戦で日本は空母四隻を失う大敗を喫する。同年八月には、ソロモン諸島南方の前進基地・ガダルカナル島がアメリカに制圧された。日本軍は同島に大兵力を投入し、半年間も争奪戦を繰り広げたが補給路を絶たれ、一万五千人もの兵士が餓死した（戦死者は二万人）。

度重なる敗戦により日本は防衛ラインを後退させ、絶対国防圏を死守する戦略に切り替えたが、占領地における強制労働が反発を呼び、各地で抗日運動が激化した。

一九四四年七月にはマリアナ諸島のサイパン島が陥落。同島から襲来する米軍機による本土空襲が激化し、翌年三月の東京大空襲では一夜で約十万人が焼死した。

真珠湾と日露戦争・桶狭間は同じ？

本郷　どう考えてもアメリカに勝てるわけはないのに、何で日本は真珠湾への奇襲攻撃なんてしたんでしょうか。

簑原　日露戦争の成功体験が裏目に出たんだと思いますよ。自分より強い相手に殴りかかって、講話のテーブルにつかせるのが狙いだったんです。

本郷　でも、さすがに真珠湾の奇襲は汚いと思うんですよ。

簑原　戦争は勝つのが目的ですから、私はあえてそこは責めません。アメリカの海軍士官学校ではいまだに真珠湾攻撃が教訓として教えられていますが、作戦面からはbrilliantだったと友人の海軍士官は評していました。ただそれ以前に、勝てない相手にケンカを売ることが愚行だったと思います。日本は日露戦争でそれをうまくやりましたが、前提となる条件がまったく違うんですよ。日本が日露戦争で勝てたのは、まずもってアメリカとイギリスの支援があったからです。

本郷　そうですね。経済から見るとよくわかります。

簑原　当時の軍人は、若い時に日露戦争を戦っているので、その成功のみが脳裏に焼きついてしまったのだと思います。つまり、当時の階級がより高かったならばいかにあの戦争の勝利が危ういものであったか、より実感できたに違いありません。日露戦争は奇跡でも何でもないんです。そもそも戦場で奇跡なんて滅多に起きませんよね。当時の日本はロシアの極東軍とのみ戦っていたので兵力は五分五分でした。くわえて、日本がロシアに経済的に依存していなかったことも大きかったと思います。

本郷　真珠湾というと、僕は桶狭間の戦いを思い出してしまうんです。

簑原　信長の奇襲攻撃というのは、フィクションだったんですよね。

本郷　桶狭間の戦いは今川軍二万五千に対して、織田軍は三千といわれていますが、どう考えても、信長は一万は動員できたと思うんですよ。こういうことをいうと、また本郷が変なことをいい始めたっていわれるんですけど。

正直、実際の兵力はわかりませんが、私は桶狭間奇襲説を初めて否定した藤本正行さんの説が正しいと思います。彼にいわせると、信長が間道を迂回して山上から義元本陣に奇襲をしかけたのは、小瀬甫庵[1]の『信長記』の創作だったと。これが参謀本部[2]によって事実と認定されたため、少数の兵力でも工夫次第で勝てるという神話が生み出され、太平洋戦争で無謀な奇襲攻撃が行われ、多くの犠牲者を出したというんです。

精神論に頼るという意味では、日露戦争にも通じるところがあると思います。

簑原　日露戦争時のロシア国内は極めて不安定でしたが、逆に太平洋戦争では、真珠湾の奇襲によってアメリカは一致団結してしまいました。つまり、より盤石となるんですね。それまで、アメリカは孤立主義が席巻していたのに、真珠湾の一撃で国内世論が瞬時に一つにまとまった。

真珠湾攻撃時までの世論といえば、圧倒的多数が避戦なんですよね。アメリカは戦争に巻き込まれてはだめだと。つまり、日本とも戦争したくないし、ヨーロッパの戦争にも介入したくない。いわば他人事です。だからフランクリン・ローズベルト大統領[3]は困ったのですが、その最中で日本が攻撃してきた。ローズベルトとしては「ニホン、アリガトウゴザイマス」という感じだったに違いありません。

本郷　ヒトラーが一番怒ったかもしれない。

簑原　いや、ヒトラーは怒ってませんね。チャンスだと思ったからこそ、すぐに対米宣戦布告をしています。よせばいいのに。これでアメリカは欧州戦にも介入できるようになりました。中国にとっても「日本多謝」となるのは、日本によって国民党が弱体化して共産党の台頭を可能としたうえで、アメリカの介入によって日本による支配というシナリオが回避できたからです。

本郷　確かに。だけど共産党が強くなると、必ず虐殺が起きるじゃないですか。だから中国の国民にしてみると、「日本コノヤロウ」ということになるのかもしれませんね。

簑原　そもそも、日中戦争がなかったら国民党が勝っていましたよ。

本郷　そう思います。もともと中国は国民党の主導で台頭してきたわけじゃないですか。

簑原　そうです。

本郷　文化大革命[4]もなかったはずですよね。あの時、どのくらいの中国人が亡くなったのかわかりませんが、僕ら歴史研究者も、あの時中国の文化財が破壊されていなかったら、

1　小瀬甫庵…豊臣秀次や堀尾吉晴、加賀・前田家などに仕えた儒学者。『信長記』『太閤記』などを執筆したが、史料的価値は低いとされる。

2　参謀本部…帝国陸軍の最高機関。戦史の編纂も行っており、桶狭間・長篠・関ケ原など歴史上の主要な戦いについて兵力や戦術が詳細に分析されている。

3　フランクリン・ローズベルト大統領…第三十二代大統領。世界恐慌にニューディール政策で対応。「四つの自由」を掲げてファシズムとの戦いをめざし、真珠湾攻撃を機に世界大戦に参戦した。

4　文化大革命…毛沢東の主導で、一九六六年から約十年間、中国で行われた政治闘争。既成価値の変革を名目として、知識人の投獄や文化財の破壊などが行われたが、実際は最高実力者の劉少奇・鄧小平らの打倒が目的だった。

もっと研究が楽しくなったんじゃないかと思いますよ。
簑原　本当の数字は永遠にわからないかもしれないですね。一九六六年からの十年間で低く見積って死者四〇万人、高い方では二〇〇〇万人と相当な開きがありますから。

折り返し点はガダルカナル島の戦い

簑原　私は長らく、その名前からして昭和十七年（一九四二）六月のミッドウェー海戦が折り返し地点、アメリカが反撃に転じたタイミングだと思っていたのですが、実際は同年八月に始まるガダルカナル島の戦いが反撃の起点でした。この時から、アメリカは日本軍を押し返すことに専念していますから。
本郷　僕はガダルカナルの戦いは、徳川家康と武田勝頼の高天神城《たかてんじんじょう》5の戦いと同じだと思っているんです。高天神城は武田信玄すら落とせなかった城ですが、息子の勝頼が何かの間違いで攻略してしまい武田方の城になりました。
　長篠の戦いで武田軍が織田・徳川連合軍にボロ負けしたあと、家康が遠江国の城を取り返していくのですが、高天神城は険しいところにあるのでなかなか落とせず、結局、そこだけ残ってしまったんです。しかし、武田方にしてみたら、残った以上は守らないといけない。

簑原 当然そうなりますよね。

本郷 そこで織田信長は、おそらくニヤニヤ笑いながら、高天神城に攻勢をしかけてくるわけです。高天神城の降伏を許すなと。一方、武田にしてみれば、救援に行けば待っていましたとばかりに織田・徳川がやってきて、また負けるのは目に見えている。

しかし、ここで高天神の救援に行かなければ、武田は俺たちを見捨てたぞということになって誰もなびかなくなってしまう。だから、勝頼は何としても救援したかったはずですが、結局、見捨てざるを得なかった。

これがどうも、太平洋戦争に詳しい人にいわせると、ガダルカナルの戦いに似ているらしいんです。こういう拠点は早々に放棄して、防衛拠点をコンパクトにしておくべきだった。高天神城を守ることで、かえって苦しい状況が生まれてしまったわけです。

簑原 おっしゃるとおり、ガダルカナルにはそうした側面は確かにありますね。日本軍はロジを考えずに戦線を拡大していった結果、効果的な防衛ができずにどんどん被害を拡大

---

5 高天神城…静岡県掛川市にある標高一三二メートルの鶴翁山に築かれた山城。遠江国最大の要衝として重視された。

させる結果を招いてしまった。

本郷　もともと、補給の重要性に対する意識が希薄ですからね。だから、インパール作戦[6]の牟田口廉也みたいな指揮官が出てくる。さすがに右寄りの人たちも、インパール作戦は擁護できないでしょう。牟田口のことを、実は立派な人物だったという人は見たことない。

簑原　日本軍が真剣にロジを考えていたなら、あそこまで一気に戦線を拡大なんかしません。実際、ヨーロッパ戦域と太平洋戦域を比較すると、後者の方が戦闘の範囲が何倍も広いです。しかも日本の場合、ほとんど洋上だから補給も難しい。オーストラリアの北部付近まで軍隊を進めているわけですからね。

本郷　何をやってたんだか。

簑原　相手は植民地軍が多いから、さしたる抵抗を受けないのをいいことに、軍隊をガンガン進めてしまった。マレー侵攻作戦では自転車部隊が勢いよく前進する。でも補給は追いつけないいんですね。ダンケルク目前で停止し、英仏両軍の兵士を取り逃がしたことを批判されるドイツ軍だけど、燃料と弾薬が底を尽き、食料も少なくなっていた当時のロジ状況を踏まえれば、停止はやむを得なかったのかなと。でもあれが日本軍なら絶対に止まりませんね（笑）。

本郷　兵隊さんがたくさん戦死したといっても、敵の銃弾にあたるより、マラリアなどの病気や餓死の方が多いわけですからね。

簑原　あと、必要物資を現地で力ずくで調達するので、先住民の反感を買い、彼らは敵に回ってゲリラ戦が展開される。彼らを捕まえてはみせしめに処刑するので、さらに反日感情が強化されるという完全な負のスパイラルに陥るわけです。もう最悪な形ですね。これでは点としてならまだしも、面として領地を支配するのは至極困難になります。

〝絵に描いた餅〟だった日本の終戦計画

本郷　いったん戦争を始めてしまうと、やめられなくなるものなのでしょうか。

簑原　本当はもっと早く終わらせるべきでしたね。その意味では、山本五十六[7]は正しかった。近衛文麿[8]首相に勝敗の見通しを聞かれた時、「ぜひやれといわれれば半年や一年の間

6　インパール作戦…インド東部にあるイギリス・インド軍の拠点インパールに対する侵攻作戦。牟田口中将の無謀な作戦により六万人もの死者（その半数以上が餓死者・病死者）を出し「白骨街道」と呼ばれた。
7　山本五十六…航空本部長、海軍次官などを歴任。いち早く対米迎撃戦を構想して航空兵力の整備に尽力。連合艦隊司令長官となり真珠湾攻撃、ミッドウェー海戦などの作戦を遂行したが、ソロモン諸島上空で撃墜され戦死した。

は暴れてご覧に入れるが、二年、三年となればまったく確信はもてない」と述べています。実際、暴れてみせたのは半年でしたが。でも確信をもてない戦争ならはじめからやってほしくないですよね。まるでギャンブルじゃないですか（笑）。冷静に考えれば、結末は敗北しかないわけです。こうしたところの詰めが甘く、無責任といわざるを得ない。

本郷　本当にそうですね。

簑原　問題は戦争は半年では全然終わらなかったということです。マキャベリが『君主論』で書いてますが、戦争は始めるのは容易でも、終わらせるのは至難です。

本郷　何で戦争を終えられなかったんでしょうね。日露戦争はほどほどでやめられたじゃないですか。

簑原　これは今の中国とも重なるのですが、日本はアメリカを見くびっていました。つまり、アメリカを本当に理解している人が少なかった。アメリカ人は民主主義で堕落した生活をしている。日本人は精神的にはるかに勝っていると。逆にアメリカ人も日本人を見くびっていたから真珠湾をやられるわけですけど。でも国力からしてアメリカには日本との戦争に敗北するというシナリオは存在しません。

本郷　豊臣秀吉と一緒じゃないですか。

簑原　似てますね。当時は日本人一人でか弱いアメリカ人を百人殺せると。まあ日露戦争当時から「百発百中の一砲能く百発一中の敵砲百門に勝る」と日本では謳われていたけど、こんなの普通に考えればおかしなロジックであることに気づかされますよね。他方で、アメリカは経済力をバックに、〝サイエンス〟で戦争をするんです。ただ、日本における例外を一つ挙げるなら、内閣総理大臣直轄の総力戦研究所が行った机上演習ではないでしょうか。日米開戦を冷静に検討した結果、「日本必敗」という結論に到達しています。ただ、東条は実戦は演習どおりに進むのではないといって一蹴していますね。日露戦争でも勝てないといわれて勝ったじゃないかと。実情が本当によくわかってないんだとため息が出ます。

本郷　そうですよね。

簑原　ちなみに日本海軍も米海軍との戦闘シミュレーションを何度もやっていて、その都度負けているんです。でも、それではかっこう悪いので、われわれの軍艦は敵よりも五倍

8　近衛文麿…五摂家筆頭近衛家の嫡流。貴族院議長を経て三度組閣。「東亜新秩序」の提唱、大政翼賛会の結成、三国同盟の締結など日中戦争期の政界を主導したが、日米交渉に失敗し退陣。戦後、戦犯に指定され服毒自殺した。

も頑丈で、船員も優秀だといって、損害の計算式を変えてやるので机上では勝ってしまう。普通は最悪のシナリオを想定して作戦計画を練るものですが、それをしないんです。なんのためのシミュレーションかがまったくわからない（笑）。
あと、日本は匠の技を大切にするので、実に美しくてよいものを作るけど大量生産に向いていない。それは第二次世界大戦で日本が負けた一因でもあります。アメリカは芸術品をめざしているわけではなく、容易かつ大量に兵器を製造できる生産ラインを構築します。まあ、フォード・モデルT[9]を生み出した国ですから。なので、近所の主婦でも簡単なトレーニングですぐにラインで仕事ができるんです。複雑な金属加工を除けば熟練工は不要。まるでレゴを組み立てていく感覚です。

本郷　わかります。日本の電器製品が市場で負けたのも同じじゃないかな。匠の技より安さ、ですよ。

簑原　ところで日本の作戦計画は、真珠湾のあとにミッドウェーをとって、そこを拠点として一九四二年十月を目処にハワイを攻略・占領し、日米講和会議を開いてハワイを返すというものでした。この際、ハワイに多くいた日系人も挙兵して戦力になるという構想だったようです。何ともムシがいいというか。

本郷　交渉の材料としてハワイをとるつもりだったわけですね。でも、戦争は基本的に、ここを征服したら石油が出るとか、経済面のメリットを考えないと意味がないと思うのですが。

簑原　経済なんて全然考えていないですよ。日本の経済学者が戦争計画を仕切っていたなら、絶対に開戦しなかったでしょうね（笑）。無謀でしかないといって一蹴したに違いありません。あともう一つの誤算は、他人のフンドシではないですが、当時の軍部はヨーロッパ戦線でドイツが勝つと読んでいたことです。つまり、イギリスはフランスのように陥落すると。

なぜそのように考えたかというと、駐ドイツ大使の大島浩[10]がドイツから都合のいい情報ばかり与えられ、それを鵜呑みにした大島がドイツは絶対に勝つと日本に伝えているからです。

9　フォード・モデルT…米フォード・モーター社が開発・製造した廉価な自動車。日本ではT型フォードの通称で知られる。

10　大島浩…太平洋戦争時の駐ドイツ大使。日独防共協定や日独伊三国同盟の締結に尽力。東京裁判でA級戦犯となり終身刑に処されるが、のち釈放された。

ドイツが勝てば、そこで初めて三国同盟が意味をもちます。イギリスを片づけたあとのドイツは東部戦線に集中でき、日本も加担して北進することでドイツとともにソ連の資源をぶん捕れると。アメリカは孤立するわけですね。

因みに、当時のアメリカの観戦武官は、イギリスは持ちこたえると判断しています。生の情報を分析するアメリカと一方的に与えられた情報を分析せずに事実として受け止める日本。インテリジェンスに対するアプローチの違いがここにも表れていると思います。

本郷　とらぬ狸の皮算用だ（苦笑）。そのわりには、ドイツが対ソ戦に踏み込んだ時、日本はソ連を攻めなかったですよね。ドイツだけで勝てると思っていたんでしょうか。

簑原　ソ連の東半分までは攻め込めると思っていたのではないでしょうか。日本がすぐに攻め込まなかったのは、その時点ではまだソ連を敵に回したくないという思惑があったからです。ノモンハンで大敗して、ロシア軍は強いという教訓をえていますからね。それでも北進論はかなり最後まで残っていて、実際独ソ戦の翌月に関東軍特種演習[11]（関特演）を実施してます。でもアメリカが八月に対日全面石油禁輸に踏み切ってから、蘭印の資源をねらって南進論が次第に支持されるようになります。

本郷　今でも、日ソ不可侵条約を破ったソ連は汚いという人がいますが、戦争は勝てさえすればそれでいいということなのでしょうね。

簑原　究極のところ、そうですね。日本は日露戦争でも宣戦布告なしに攻撃しています。この時、アメリカのセオドア・ローズベルト大統領[12]は、弱い国が強い国に対して戦争をしかけるには、奇襲しかないといって擁護しています。でも、真珠湾攻撃でアメリカが被害者になると日本人は卑怯だといって怒るわけですね。アメリカが被害者になったわけですから当然ですが。

神風を信じた人たち

簑原　日本がマレー半島に侵攻しても、真珠湾の奇襲さえなければアメリカはおそらく参戦しなかったと思います。

本郷　ええっ⁉　そうですか。それはビックリだ。

11　関東軍特種演習…一九四一年七月、前月の独ソ開戦を受け、満州の関東軍が行った大演習。結果的に対ソ武力行使は実施されなかった。

12　セオドア・ローズベルト大統領…第二十六代大統領。共和党。日露戦争の講和を仲介し、ポーツマス会議を斡旋した。

簑原　アメリカが日本と戦う覚悟を決めていた海外領地、いわゆるレッドラインはフィリピンでした。アメリカにとってマレー半島もシンガポールも関係ありません。

本郷　イギリス領ですからね。

簑原　それこそシンガポールでは、アメリカ軍の配備を求めるイギリスの要請を断っていますからね。イギリスからすればアメリカをたぐり寄せて運命共同体を構築したかったのですが、アメリカはトリップワイヤ（仕掛け）となることだけは避けたかった。特殊な関係なはずなのに、アメリカはけっこうドライですね（笑）。

本郷　国益を考えるのなら、そうでなくてはいけないですよね。

簑原　イギリスの国益のためにアメリカ人が血を流すのはナンセンスですから。

本郷　勝てる戦だから戦うんでね。そう簡単に神風なんて吹かないんですよ。

簑原　そうです。

本郷　信じる者は救われないというのは、僕にとって日本史のルールの一つになっているんです。

簑原　へえ。

本郷　たとえば、一向宗の人々は、本当に阿弥陀を信じたので、信長とガチで戦って虐殺されてしまいましたよね。秀吉が禁教令を出した時も、みんな表向き捨てたふりをしましたが、そのなかで高山右近だけは表向きでも捨てなかったため改易されてしまいました。秀吉にしてみれば、心の中だけで信仰をもっているぶんには構わなかったのに。

簑原　そのお話、おもしろいですね。

本郷　多くの日本人は、神の実在を信じていなかったんだと思うんです。平安時代の終わりごろから、仏は常にいるけれども目に見えないから尊い、朝ぼらけにかすかに現れるみたいな存在と考えられていました。つまり、平安時代から「仏はいない、救いはない」ということがわかっていたんです。

その代わりに日本人は非常に高い道徳性をもっていると、戦国時代の宣教師がいっていますよね。お天道さまに恥ずかしくない生活をしましょうというような。お天道さまというのは一神教上の神じゃないんですよ。自然神のような考え方なんですね。

簑原　なるほど。

本郷　太平洋戦争の時、本当に神風が吹くと信じていたのか、僕の講座に来てくれた八十代の方たちに聞いたことがあるんです。戦時中は小学生でしたが、みんな信じていたといっていました。

簑原　それしかなかったんですよ。経済力でも技術力でも劣っているわけですから。

本郷　日本の歴史教育も、かつてはイザナギやイザナミの話を現実のものとして教えていました。天皇イコール現人神《あらひとがみ》だと信じる人は多かったんですね。実際は「天皇陛下万歳」ではなく、「お母さん」といって死んでいった人の方が多かったといいますが。

簑原　最期はまず、「お母さん」と叫んだとよく聞きますね。

本郷　だから、日本人はそういうものを信じてはダメなんですよね。だから、信じる者は救われないのが日本の歴史だと思うんです。そういう意味で、歴史教育は本当に罪深いことをしてきたと思います。

天皇の身代わりとして処刑された東条英機

簑原　戦争に負けても天皇制が残ったのはすごいことですよね。普通なら解体ですよ。

本郷　何でそれをしなかったんでしょうね。

簑原　利用価値があるとアメリカは考えたためです。戦時中のアメリカのプロパガンダで、ヒトラーやムッソリーニ[13]はとんでもない悪者として描かれていますが、日本についてよくあげられているのは東条や山本五十六なんですよ。あとは出っ歯で釣り上がった目に丸眼鏡をかけている粗暴な日本人兵士の絵が多いですね。天皇は原則NGだったと聞いています。公文書館のデータベースを探すとまったくないことはないんですが、ヒトラーやムッソリーニと比べると圧倒的に少ないです。

本郷　当時の絵とか見るとそんな感じですね。

簑原　天皇をヒトラーのように描いてしまうと、狂信的な日本人は戦争をやめないだろうと考えたみたいです。本当に一億総玉砕しかねないのでやめておこうと。

本郷　それはアメリカがいっていたことなのですか。

簑原　そうした憂慮はありました。だから、天皇を誹謗中傷している文献はそんなに多くないですね。おそらく自己検閲だと思います。

本郷　確かに見たことないですね。マッカーサーが天皇を利用したことは知っていますが、アメリカの世論も天皇を批判の対象にはしなかったんですか。

簑原　悪いのは軍部だというふうにうまく転嫁したんです。東条も自殺未遂を経て東京裁

13　ムッソリーニ…第一次世界大戦後、ファシスト党を結党し一九二二年に独裁政権を樹立。ヒトラーと結び第二次世界大戦に参戦したが、敗色濃厚のなか軍部のクーデターにより失脚し、のちパルチザンによって処刑された。

判で国家弁護と天皇擁護はしたものの、自己弁護は一切することなく、天皇の身代わりとして処刑されました。

本郷　すべて私たちがやりました、天皇陛下は悪くありませんと。

簑原　ええ、そのように東京裁判で述べています。それが自分の最後の使命であると認識したのではないでしょうか。結果として彼は天皇のために命を捧げたわけです。逆説的ですが、この観点から見れば木戸幸一内府の後継首班の人選は、実は間違っていなかったのかもしれません。

本郷　そこは、信念を貫いたわけですね。

簑原　周りからもそのように期待されていましたからね。お前がやるべきことはわかっているだろうなと。ほかの要人はみんな自決していたので、それだけ東条が果たすべき役割は大きくなったんです。

本郷　東京裁判では、何人か非常に見苦しかったといわれている人たちもいますよね。死刑判決を受けて。東条はそれには入っていないんですね。

簑原　東条は騒ぐことなく、宣告を冷静に受け止めました。他方、私が問題だと思うのは、ジョン・ダワー[14]ではありませんが、日本人は太平洋戦争での敗北をあまりにも強く抱きしめたまま今日までにいたったことではないかと思います。敗戦後、国家の振り子はまったく逆の方に進み始めましたよね。戦前はイケイケどんどんの「朝日新聞」などがレフトに動いたわけですから。

本郷　歴史学もほどほどのところでバランスを取ればよかったのに、正反対に振り切れてしまいましたよね。マルクス主義歴史観が主流になってしまった。僕の大先輩たちは、みんな唯物史観[15]なんですよ。何でバランスのよいところで止まらなかったのかなと思いますね。

簑原　以前の自己を否定するためには、中途半端な変化ではどうも不十分みたいですね。だから完全に上書きするという意味で思いっ切り逆に振り切らないといけない。本当はバランスを取ることが大事なのに……。

14 ジョン・ダワー…アメリカの歴史学者。日本に民主主義が定着する過程を描いた『敗北を抱きしめて』（原題"Embracing Defeat"）でピュリッツァー賞を受賞した。
15 唯物史観…物質的な生産力や生産関係の変化が、階級闘争をもたらし歴史を動かすという歴史観。マルクス・エンゲルスによって確立された。日本史においては、支配階級である貴族に抑圧されていた武士が、闘争のすえに武家政権を打ち立てたとする歴史解釈がその代表。

民主主義の大切さを改めて考える

本郷　プロパガンダのポスターで天皇をあまり悪く描いてはいけないということでしたが、どう考えても、ヒトラーやムッソリーニに比べると東条は小者にすぎますよね。

簑原　スターリンやチャーチル、ローズベルトに比べると東条は三段階ぐらいレベルが下がります。しかも、彼は途中で内閣を退陣していますからね。まあ、辞任に追い込まれたといった表現の方が適切ですが。

本郷　戦争責任という意味でも、東条では物足りないですよね。

簑原　日本はうまく統率がとれていないんですよ。天皇もやむを得ず戦争に踏み切ったといってます。でも「やむを得ず」で国家を滅ぼす戦争に進むべきではないですね。当時の日本の政策決定者たちはよく「非決定を決定」したといわれますが、この言葉のとおり、流れに身を任せたところ、気づいたら戦争になっていた感じです。国家的な悲哀を感じます。

本郷　集団的無責任ですよね。

簑原　本当にそうです。

本郷　それで三百万人も亡くなったんですから、とんでもないことですよ。沖縄戦がすごかったといわれますが、東京大空襲では十万人も死んでいますからね。

簑原　もう尋常なレベルじゃないですよ。

本郷　もっと早く戦争を止める手だてはなかったのかな。

簑原　もちろんあったと思います。ただ、終戦における天皇の決定的な役割は評価すべきです。天皇でなければ戦争を止められなかったわけですから。でも、どう考えても戦争をしないのが一番よいアウトカムにつながります。天皇も遠回しに戦争反対をほのめかすのではなく、戦争はしてはいけないとキッパリ明言してほしかったですね。軍部のタカ派に対して、戦争をしたいならまずこの自分を斬れといった毅然とした態度です。

本郷　でも、二十世紀というのはそういう時代だったのかもしれませんね。ソ連なんて二千万人も死んでいますから。

簑原　ソ連の被害はもうめちゃめちゃですね。二七〇〇万人という推計もあります。中国も同様に多くの人命が失われています。一五〇〇万人から二千万人の間と一般的にいわれてますね。途方もない数です……。

本郷　スターリンと毛沢東ですね。彼らのやり方はハンパじゃないですよ。文化大革命なんて、いくら死んでいるのか知らないですけど、百万単位ではすまないでしょうね。ソ連の粛清だって、みんなシベリア送りで死んでいるわけですから。人の命が軽かったんですね。

簑原　権威主義・全体主義の社会ではその傾向は顕著ですね。

本郷　多くの人にとって、民主主義は空気や水と同じくらいの意味しかないかもしれませんが、自由や平和や平等って本当に大事ですよね。

簑原　ええ、そうなんですよ。空気がなければ生きていけませんが、毎朝起きて、空気の存在に対して感謝する人はいませんよね。常にあってあたり前のような感覚で、なくなれば大変な代償があることなんて全然考えない。日本では安全保障もあたかも空気のように扱われています。

本郷　歴史学をやっている人間として、使命とまではいいませんが、そこにつなげていかないといけないと思いますね。

簑原　私はマーク・トウェインが語ったとされる「歴史は韻を踏む[16]」という言葉が好きなんです。確かに歴史は繰り返さないけど、似たような事象は起こる。つまり、パターンないし傾向は存在するというのは納得いきますね。

本郷　いい言葉ですね。それ使おう（笑）。歴史は繰り返すといわれても、同じ歴史の条件なんてあり得ないですからね。

簑原　時代は違っても類似する現象はありますね。覇権移向とか、戦争の原因とか。

本郷　さっきの桶狭間と真珠湾みたいに、似ているものはありますからね。僕がわりと好きなのは「馬鹿は経験に学び、賢者は歴史に学ぶ」という言葉です。歴史とはそういうもので、単に史料や統計を並べるだけではなく、歴史家の解釈によって伝えられることは変わってくるんですよね。

簑原　まったく同感です。それがわれわれ歴史学者の一つの重要な仕事だと思っています。ただ、われわれは歴史小説家ではないので裏づけ、すなわち根拠が必要です。すべての史料が残っているわけではないので、史料と史料をつなげて自分なりの解釈を加えなければならない。

本郷　そこが本当に大事だと思うんです。さまざまに解釈することによって、太平洋戦争も違って見えてくるかもしれません。

16「歴史は韻を踏む」…一般にトウェインの言葉とされるが、彼が語ったことを示す確実な史料はない。

第十四章

降伏と占領期

——戦後日本の原型の成立——

時代を読む

民主主義国家として歩みだした日本

昭和十九年（一九四四）十月、日本軍はフィリピン奪還をめざす米軍にレイテ沖海戦で敗れ連合艦隊は壊滅した。翌年三月には硫黄島が占拠され、沖縄本島も三か月におよぶ激戦のすえに制圧された。日本は本土決戦の覚悟を固めたが、五月にドイツが無条件降伏し孤立が決定的になると、鈴木貫太郎首相はソ連に和平の仲介を依頼する。だが、すでに同年二月のヤルタ会談において、米英と対日参戦の密約を交わしていたソ連は応じなかった。

七月には米英中三か国によって、日本に無条件降伏を迫るポツダム宣言が発表される。日本政府は「黙殺」するとしたが、アメリカはこれを「拒絶」と解釈し、八月六日に広島、九日に長崎に原爆を投下した。さらに、八日にはソ連が日本に宣戦布告して満州・朝鮮に侵入。ここにいたって、昭和天皇はポツダム宣言の受諾を決め、八月十五日、ラジオ放送をつうじて全国民に戦争終結が告げられた。

ドイツが米英仏ソに分割占領されたのに対し、日本の占領政策は事実上、アメリカが単独で担い、マッカーサー元帥を最高司令官とする連合国軍最高司令官総司令部（GHQ）の指令に基づいて日本政府が統治するかたちで進められた。徹底した武装解除が行われる一方、戦争指導者が次々と逮捕され、二十八人がA級戦犯として起訴、東条英機ら七人が処刑された。昭和天皇の戦争責任も議論されたが、GHQは混乱を避けるため天皇を戦犯容疑者とはしなかった。一方、天皇もいわゆる「人間宣言」により、自らが現御神（現人神）であることを否定した。

内政の改革もGHQの主導により進められ、労働基準法や教育基本法、女性参政権を認めた新選挙法などの法律が整備された。同二十一年には日本国憲法が公布され、主権在民・平和主義・基本的人権の尊重の三原則が明らかにされた。天皇は政治権力のない「日本国民統合の象徴」となり象徴天皇制が確立。国際紛争を解決する手段としての戦争も永久に放棄され、民主主義・平和国家としての土台が整えられていく。

同二十六年九月、日本と世界四十八か国との間でサンフランシスコ講和条約が調印される。同日、日米安全保障条約が締結され、日本国内に米軍が駐留し防衛に寄与することが定められた。その翌年には平和条約の発効に伴い、約七年間におよぶ占領が終結。日本は独立国として主権を回復したのである。

戦後日本に希望を抱いたマッカーサー元帥

簑原　太平洋戦争の降伏にいたる過程では、昭和天皇の役割が大きかったですよね。もし、あの時降伏していなかったら、アメリカは八月十五日以降に三個目の原爆を落としていました。日本はアメリカは原爆をすべて使い果たしたと考えていた節があるんですが、実はすでに四個目の生産に入っていました。一九四六年六月の段階で計七発保有していましたので、日本の継戦はさらに悲惨な結果を招いていたのは間違いありません。原爆開発を可能としたマンハッタン計画は、第二次世界大戦中の米軍事費の二五％をも占める国家規模のプロジェクトでしたから、戦争に勝利するためのアメリカの並大抵ではない覚悟がうかがえます。

本郷　そうなんですか。まあ、そんな気はしてましたが。

簑原　当然、原爆投下に対して相当な批判はありますが、忘れてはいけないのは戦争は勝つのが目的です。さらに、アメリカにとって日本人の命とアメリカ人の命は同等ではありません。当時のアメリカ政府の念頭にあったのは、いかに米兵の命を守りつつ戦争に勝利するか。これだけなんです。

本郷　そこはダブルスタンダードじゃいけないと、僕も思っているんです。たとえば、真珠湾に奇襲を宣戦布告なしでやったことに対して、戦争だからしょうがないというのなら、原爆投下も受け入れるしかないですよね。

簑原　いいにくいですけどね。

本郷　原爆で亡くなられた方には本当に申し訳ないのですが、それは日本人の共有の責任ですよね。

簑原　原爆投下がなかったら、八月十五日に戦争は終わらなかったと思います。そうしたら三個目の原爆を投下された挙句、北海道と東北は確実にソ連に割譲されていました。

本郷　認めたくないけど、それがリアルですよね。その点では、アメリカの主張はフェアだと僕も思います。原爆が落ちなかったら、やめられませんでしたから。あそこまでやめられなかったんだから。あとは本土決戦をやって、何百万人も死んで、九州がすべて占領されるとか。

簑原　本土決戦があったなら戦後の良好な日米関係はまずなかったでしょうね。アメリカの対日憎悪があまりにも大きくなりすぎて、和解はかなり難しかったと思います。驚くべきことに、日本は戦争終結からわずか十九年後に東京で五輪を開催しているんですよ。本土決戦となっていたならアメリカの庇護の下での戦後の経済復興はなどあり得なかったでしょうから、五輪は間違いなく実現してませんね。

本郷　そうでしょうね。

簑原　しぶとく降伏しない日本に対してアメリカは徹頭徹尾、日本を真剣につぶしにかかったと思います。初期のアメリカの占領計画というのは、日本を明治近代化以前に戻すというものでしたから。

本郷　そうなんですか。それはいくら何でも……。

簑原　農業中心の国にすると。それが八月の無条件降伏で大きく変わりました。もちろん、実際は天皇制を残した条件付き降伏だったんですが。

ともあれ、大きな戦争がついに終焉して、統治者としてマッカーサーが飛行機から丸腰で降りてきたのにテロに遭遇しない。そんな日本の様変わりに、勝者のアメリカ人は希望を感じたわけです。ある著名なアメリカの日本史の教授から聞いた話ですが、マッカーサーが厚木に降り立つと、そこには冷たいオレンジジュースが用意されていたと。みかんジュースではないんですよ（笑）。敗者のもてなしというか、敗北を完全に受け入れたんですね。

ところで、原爆はその後兵器としては使われていないですよね。トルーマン大統領[1]は原爆投下を正当化しているものの、実はとてつもない精神的なショックを受けていたんだと私は思っています。だからこそ彼は朝鮮戦争[2]の最中、マッカーサーが中国本土への使用を訴えたのを断固拒否しています。日本に落とされたことで、もう使えない兵器になったんです。ロシアのプーチン大統領がこの意識を共有していることを祈るばかりです。

本郷 朝鮮半島で使わなかったところに、アメリカの良心のようなものが感じられますよね。

戦前に民主主義の歴史をもっていた日本

簑原 太平洋戦争後の日本と対照的なのが、イラク戦争[3]後のアメリカとイラクの関係です。

1 トルーマン大統領…第三十三代大統領。太平洋戦争では広島・長崎への原爆投下を命令。戦後、北大西洋条約機構（NATO）の結成など、共産圏に対する封じ込め政策であるトルーマン・ドクトリンを推進した。

2 朝鮮戦争…日本の植民地だった朝鮮は戦後、三十八度線を境に分割され、朝鮮民主主義人民共和国（北朝鮮）と大韓民国が建国された。一九五〇年、両国間で戦争が始まり、韓国はアメリカ、北朝鮮は中国の支援を受けて戦った。米軍の補給基地となった日本は戦争特需に沸き、戦後復興の原動力となった。

結果が全然違いましたね。

本郷　うん、そこそこ。どうしてなんですか。

簑原　日本の場合、軍組織が一気にすべて解体されなかったことが大きいと思いますね。もちろん、武装解除はすぐに実施されていますが。

　イラク軍は直ちに解体されましたよね。そうするとイラクの兵隊のみならず将校たちも職を失う。特に将校たちはいい生活をしていましたから、不満は大きかったと思います。彼らの多くがＩＳＩＬ[4]の幹部や指揮官になっていますね。ほとんどが旧イラク軍の将官たちです。イラクの場合、そこがアメリカの一つの大きな失敗だったのではないかなと思います。敗北を受け入れていた日本では、反占領軍活動を精力的に行う組織が存在しなかったこともアメリカには幸いしましたね。

本郷　自衛隊になる前に、途中でなくなるんですよね。

簑原　一九五〇年に警察予備隊となり、その二年後に保安隊に改編されます。自衛隊の発足は一九五四年ですね。

　この頃アメリカでは、厳しい占領政策を実施して徹底的に日本をつぶせというグループと、共産主義が台頭してきたから日本を助けて強くしなくてはならないというグループの間で綱引きがありました。そして、国際情勢を踏まえ、徐々に日本は共産主義に対する防波堤だというグループが優勢になっていくんです。彼らにとって朝鮮戦争の勃発は強い追い風として吹きました。その結果、日本に民主主義をきちんと根づかせることの重要性が一気に増して、それまでの日本の非武装化政策を見直す転機ともなりました。

大正デモクラシーの時代があったことを、アメリカ人は知っていましたから希望をもてたんじゃないでしょうか。

本郷　そうなんだ。そこは知ってくれてたんだ。

簑原　最終的に破綻したものの、日本には民主主義の歴史はありました。そのことも、一度も民主主義を経験していないイラクと違いますよね。

3　イラク戦争…二〇〇三年、イラクのサダム・フセイン政権が大量破壊兵器を保持しているとして、米英を中心とする多国籍軍とイラクの間で行われた戦争。フセイン政権は倒れ新政府が発足したが大量破壊兵器は見つからず、二〇一一年にアメリカは撤退した。

4　ＩＳＩＬ…「イラク・レバントのイスラム国」の略。イラク・シリアを拠点とするイスラム教スンニ派の武装勢力。イラク戦争後に勢力を拡大し、二〇一四年に国家樹立を宣言した。その後、支配領域を失ったが、ジハード（聖戦）を掲げてテロを実行し続けている。

知らない概念をいきなり押しつけるのは実効性が疑わしいですが、日本は民主主義のノウハウがあるわけです。アメリカは真剣に日本を研究していましたし、大正デモクラシー期の日本のエリートの多くはまだ存命ですね。だから彼らに協力すればいいということになります。逆に当時日本の学者は、高木八尺《やさか》などの一部を除いてアメリカ研究に没頭していません。この非対称性は不思議ですよね。本気で戦うつもりなら、まずは相手のことを徹底的に研究するのが合理的ですからね。

本郷　敵を知り、己を知れば百戦してあやうからず、と孫子も言ってます。

簑原　冷戦時代も、アメリカはソ連研究にかなりの資金を投じました。実際、国際政治学の領域では、当時ソ連研究が一番の花形でしたよね。

本郷　そういう意味でいうと、やはり勉強が足りなかったんでしょうね。

天皇をうまく利用したマッカーサー

本郷　どうしてもおうかがいしたいのは、天皇制を温存したのはなぜなのかということです。

簑原　天皇をなくすといったら、日本人は戦いをやめないだろうと当時のアメリカ政府関係者は考えていました。戦争を終結させるのが最優先事項ですから、そのためには取引に応じる柔軟な姿勢が必要となったんです。

本郷　そのために、とりあえず天皇制は残すと。

簑原　昭和天皇一代限り残すという選択もあったのかもしれませんが、それについてはあまり議論されていないですね。日本が独立を回復したあとまで、アメリカが拘束するのは間違っていると考えたのかもしれません。そもそも日本国憲法だって、日本は占領期が終わればすぐに修正するとアメリカは踏んでましたからね。

本郷　そのあと天皇に退位させることも検討されたのではないですか。

簑原　退位については天皇自身がいわれたことです。しかし、側近たちが退位を思いとどまらせた。GHQも最終的に反対にまわっています。一般人になって政治運動に身を投じられたら困ると考えたようです。

本郷　天皇が生前退位した例は前近代にはたくさんあります。というか、それがむしろ基本でした。

簑原　さらに昭和天皇しか日本人を一つにまとめることはできないと考えたんです。

本郷　確かにそうでしょうね。それはそうだ。

簑原　あと、昭和天皇がさすがと思うのは、マッカーサーと初めて会った時、「私は戦争の全責任を負う者として、あなたに裁決を委ねる」といったことです。これにマッカーサーが感銘を受けたといわれていますよね。

本郷　有名な話ですね。それは本当なんですか。実は僕は目頭が熱くなっちゃうんだけど。

簑原　いや、確かなことはわかりません。マッカーサーはかなりのウソつきとして知られているので。この時、本人たちの周りには外務省の通訳を除いてほかは誰もいませんでした。ただ、少なくともマッカーサーと昭和天皇はウマがあったのは事実みたいですね。天皇は悪い人じゃないとの印象をマッカーサーに与えた。おそらく、天皇の方が低姿勢で面会に臨んだのもあると思いますが。

本郷　右寄りの人たちのなかには、かつてこんなリーダーが日本にいたといって、昭和天皇をもち上げる人がいますよね。自分の命はいらないといった人が昭和天皇のほかにいたか、みたいな。リーダーではなくても、けっこう下の方にはいたような気がしますけどね。

簑原　私が思うに、天皇がそのように発言したのは事実だと思います。その一方で、マッカーサーが感激したというのは誇張だと思います。彼は単にそれを政治的に利用できると考えたんだと思います。

本郷　それは十分ありえますね。

簑原　これを天皇制を残す理由にできるから好都合だと。

本郷　マッカーサーが大統領になっていたら、また違ったでしょうね。

簑原　マッカーサーはある意味で第二のペリーだと思いますよ。ヨーロッパしか見ていなかったアメリカ人に対して、アメリカの将来はアジアにあるといい放ったわけですから。当時こんなことを主張するアメリカ人は本当に少数派ですね。

特に朝鮮戦争のあと、アジアの重要性は一気に増しましたよね。マッカーサーは時代が流れる方向を読めたんだと思います。つまり、Pacific Centuryの予見ですね。

本郷　だけど結局、アイゼンハワー[5]と競争して、マッカーサーは負けてしまったわけですよね。

簑原　アイゼンハワーがはるかに後輩だし、頭は彼の方も切れますからね。つまり、調整型の秀才で、マッカーサーみたいな唯我独尊の暴走型じゃないです。

5　アイゼンハワー…第三十四代大統領。第二次世界大戦では連合国軍最高司令官としてノルマンディー上陸作戦を指揮。戦後、国際原子力機関の創設やソ連のフルシチョフ首相との会談など平和に向けた努力を重ねた。

本郷　そうなんですね。

簑原　あと、太平洋戦争でもう一人、重要な人物にニミッツ[6]がいますが、すぐに表舞台から消えてしまいます。

本郷　そうなんですか。

簑原　戦争が終わった時点からマッカーサーの存在感が突出した結果、米陸軍中心で日本統治は動いていきますから。

本郷　じゃあ、ニミッツは空母の名前で残るだけ？

簑原　ハワイにニミッツ・ハイウェイというフリーウェイがありますし、彼の名前を冠した学校はアメリカに多くあります。でも今では彼のことを覚えている民間人は少ないでしょうね。ニミッツは間違いなく立派な人物ですが、いかんせん政治的野心がないんですよね。この点は自分は偉大だと信じきっているマッカーサーとは全然違います。

　他方で、マッカーサーが立派と思うのは、当時の人としては珍しく、アジア人に対する差別意識がなかったことです。

本郷　それはペリーと一緒ですね。

簑原　差別意識がないからこそ偏見抜きで彼らは日本の真価を見極められたのでしょうね。

日本人はダメだとか、アジア人は白人より劣等だとかいった意識がないから歪みのない判断ができる。マッカーサーは若い時からお父さんと日本に何回か来ていますし、フィリピンにも長い間いましたから。フィリピン人の愛人もいましたね。

本郷 そういう経験って大事ですよね。本当に第二のペリーですね。

日本は米中のどちら側に立つべきか?

本郷 日本は敗戦とともに新たなスタートを切ったわけですが、その前提として戦前の大正デモクラシーなどの経験が生きているというのはおもしろいですね。

簑原 無駄ではなかったということです。

本郷 さらにさかのぼれば、ペリーによって開国し、西洋文明に学びながら歴史を重ねてきた日本だから、大正デモクラシーが起こって民主主義の素地ができたわけで。民主主義にまったくなじみのない段階でそれを一方的に与えられて、あなたたちは自由ですよとい

6 ニミッツ…真珠湾攻撃の直後、太平洋艦隊司令長官となりミッドウェー海戦やソロモン海戦、マリアナ沖海戦などで勝利。最高位の海軍元帥となり、戦艦ミズーリにおける日本の降伏調印式にも参加した。

われてもわからないですよね。

簑原　日本の近現代の歴史ではアメリカとのつきあい方がとにかく重要ですが、先生のご専門の時代で重要なのは中国ですよね。

本郷　中世のグローバリゼーションといえば、中国との関係が中心になります。

今は、かつての親分だった中国と、新しい親分であるアメリカがしのぎを削っていて、日本としても難しい選択を迫られるでしょうね。

簑原　日本のスタンスとして、米中の間に立つべきだという人は、けっこう多いんですよ。

本郷　そうですか。ちょっと無理だと思うけどな。

簑原　日米同盟下での日本でそうした議論が起きること自体、ちょっと信じられませんが、中国との長い関係を踏まえたうえでの考え方なのかもしれませんね。米中の間に立って仲裁者になるなんて、到底無理に思えますけど（笑）。

本郷　そんなに甘いもんじゃないですよね。習近平は日本をひざまずかせたいんですかね。

簑原　そこまでの必要はなく、単にアメリカの影響力を東アジアから排除したいんだと思います。日本が威勢いいのは日米同盟があるからだと中国は考えています。実際、日本が単独で声明を出す場合、中国を名ざしして批判しませんよね。でもアメリカと組むと、中国に対してより強い態度で臨むんです。

背後にアメリカがいるから日本は強く出る。中国もそれはわかっているので、日米同盟に楔を打ち込めば、日本は自然にいうことを聞くだろうと思っているのでしょう。

本郷 ただいうことを聞かせたいだけ？

簑原 アメリカを追い出して中国版の東亜新秩序を受け入れてくれたらいいわけです。つまり、華夷秩序への回帰ですね。外交政策についてまず中国にお伺いを立てるとか。こうした上下関係が明白な日中関係が理想的なんでしょう。

本郷 蒙古襲来の前段階と一緒か。

簑原 確かに似てますね（笑）。

本郷 とりあえず挨拶しろ、そうすれば攻めないぞと。

簑原 でも挨拶した次にはアメリカと袂を分けて、中国の軍門に下れということになるんだと思います。

アメリカで民主主義が持続できているわけ

簑原 私は二〇二五年以降が特に危険だと考えています。中国の五か年計画が終わりに近づき、バイデン政権も過去のものとなって、トランプないしトランプもどきが米大統領になっている公算が大きいです。つまり、アメリカは世界への関心を失い、さらに内向きとなることによって国際政治がさらに不安定化していると思います。アメリカの軍事的な介入なしではウクライナの勝算はなかなか立ちませんから、この頃ロシアはすでに武力による現状変更に成功しているかもしれませんね。なら欧州情勢に便乗して中国が大胆に動く可能性も十分あります。

他方、アメリカはいざという時は一致団結して血相を変えて本気になりますからね。余裕がある時は、すごく寛大だけど、今のアメリカはあまり余裕はないからひたすらアメリカ・ファーストを追求していくと思います。

本郷　イラク戦争もそんな感じでしたよね。

簑原　中国がどんどんアメリカに追いついて、バックミラーに映る姿が次第に大きくなり、中国にいよいよ追い越されそうになった時点で、アメリカはようやくギアチェンジして本気になると思います。中国に覇権を手渡すつもりは毛頭ありませんからね。さらに、国家的DNAとして、トップをめざし、それを手に入れてからはその位置にいつづけるというのが建国時からのアメリカの使命でもあります。

本郷　中国が民主主義国家ではないことも大きいのですか。

簑原　いや、究極的にそれはどうでもいいと思いますよ。重要なのはアメリカにとって代わる国力を有しているか否かです。かつてはアメリカには、いずれ中国は民主国家になると信じる人がいましたが、独裁・権威主義の習近平体制になってそれはあり得ないとようやく気づいたようです。でもそもそも民主主義国家となった中国は分裂するでしょうから、その意味でアメリカがもつ脅威認識は軽減されますね。その結果、米中衝突は回避されるのではないでしょうか。

本郷　鄧小平[7]のころは信じていたのですか。

簑原　信じていましたね。中国に姉妹共和政体の誕生を見いだした辛亥革命のあともそうでした。図体の大きい民主主義の大陸国家であるアメリカは独りぼっちで寂しいんですよ。ほかに兄弟は今のところいませんから。インドやブラジルはまだまだこれからですよね。

7　鄧小平…中国共産党の指導者。中央総書記となるが文化大革命で失脚。副首相として復権し、一九八三年に最高実力者である国家中央軍事委員会主席となった。市場経済の導入、国際協調などを進めたが、一九八九年の天安門事件など民主化運動に対しては弾圧の方針をとった。

本郷　国が大きいと民主主義を維持するのは難しいんですかね。

簑原　プラトンやアリストテレスなどの古代ギリシャの哲学者たちは、民主主義は規模の小さい都市国家でしか持続できないと考えていました。はるか後になって十八世紀フランスの哲学者のモンテスキュー[8]も同様のことをいってますね。アメリカで民主主義が維持できているのは、連邦制を敷き、州への分権を徹底しているからです。でも大きい国家は世論が分断されやすいから現在のアメリカの苦悩はあるんです。アメリカは五十以上の国が集まってできているようなものですから。実情は、合衆国ではなく、合「州」国ですね。〝衆〟の部分が完全に分断されている現在では特に……。でも、もしホッブズ[9]が存命なら、アメリカの民主主義はもう終末期にあるというかもしれませんね（笑）。大きい民主主義国家を熱望した建国の父マディソン[10]は間違っていたと。

　考えてみれば、中国は大きい国家なのに時差すらないじゃないですか。おかしいですよね。あんなに国土が広いのに、どこも北京と同じ標準時を使っています。これでは民主主義が芽生えても、持続は容易ではありません。民主主義を一気に推し進めると、今までの中国の歴史のように、きっと混乱の時代を迎えますね。そもそも、共産党の維持、否、自分の権力の維持に固執する習近平国家主席がそうした道を進むはずがありませんが。

本郷　僕は歴史をやっているから、長いスパンで見た時は、こうなるだろうというのはわかるつもりですが、アメリカと中国の戦いはどういう展開になるのか本当にわかりません。

簑原　私は二〇二〇年代が幕を閉じるまでに、なんらかの米中衝突があったとしても驚きません。ある意味で不可避なのかと。

本郷　それは局地戦？

簑原　まずは局地戦から始まるのでしょうね。でもそれは誤算によってさらに拡大する可能性は十分にあると思います。たとえば、「多大な犠牲をアメリカは忌避するだろうから、アメリカは台湾を守らないだろう」と中国が判断して台湾侵攻に踏み切った場合などが想定されますね。因みに私はアメリカは台湾を守ると思っています。そうしないとアジアにおけるほかのアメリカとの二国間の安全保障同盟は有名無実化しますからね。当然、日米同盟もです。

8　モンテスキュー…フランスの法律家・啓蒙思想家。『法の精神』で三権分立論を主張し王権の制限を説いた。
9　ホッブズ…イギリスの哲学者・政治学者。『リヴァイアサン』を著し「万人の万人に対する闘争」を説いた。
10　マディソン…第四代大統領。憲法の主要な執筆者で「アメリカ合衆国憲法の父」と言われる。

歴史をひもとけば、ヒトラーがポーランドに侵攻したのも、彼はイギリスとフランスが参戦するとは思っていなかったからです。つまり誤算によってポーランドにおける局地戦が瞬く間に欧州の大部分を巻き込む総力戦に発展したんです。そしてドイツの勢いに刺激を受けた日本がついに動いたことで、欧州と太平洋の戦域は一つに結ばれ、第二次世界大戦につながりました。現在でも誤算という要因——すでにプーチンのウクライナ侵攻は誤算が招いたものだが——これを意識する必要があります。あと欧州の戦争が中国の行動にいかに影響するかを見極めなければなりません。ロシアが戦況を劇的に好転させさえすれば、中国も勝ち馬に乗ろうという思いが強くなっても不思議ではないですよね。まさしく戦前日本の「バスに乗り遅れるな」という気持ちです。

本郷　危ないなあ。

簑原　コストは莫大になりますが、それでも最後はアメリカが勝つと思いますよ。アメリカには同盟国がいますから。

本郷　そこがアメリカの強みなんでしょうね。確かに中国は家来はつくるけど、本当の意味での仲間はいませんからね。

簑原　引きつけられるもの、あるいは魅せられる力が大きく不足していますね。

本郷　金をばらまいて、いうことを聞かせるくらいで。

簑原　ハリウッドやスポーツといった文化的ソフトパワーもないし（笑）。

本郷　文化の力というのは大きいですよね。中国は模倣するしかないから。文化まで考えると、アメリカに勝ってほしいという気になりますね。

簑原　ただし、総力戦になった場合、中国のＧＤＰは対米約七割ですからアメリカ一国で対処するのは困難です。当然、日本を含む同盟国に頼り、ワンチームになることが求められます。

日本がアメリカから「一緒にスクラムを組もう」といわれた時、われわれには平和憲法があるのでごめんなさいといったら大変ですよね。ポスト日米関係の時代に突入してしまいます。

本郷　おっかない時代に生きているんだなあ。

あとがき

本郷和人

与党・野党にかかわらず、政治家の先生方はしばしば、日本は豊かな歴史と伝統をもつ国、ということを口にされる。ところが内容を吟味してみると、実はその多くは明治維新以降、百五十年の範囲で物事を調査・検討し、自らの主張を立体化しているに過ぎない。ちょっと待ってくれ、日本には二千年を超える歴史がある。そのわずか十分の一だけを切り取って、さもさも日本史全体を理解しているかのような物言いをするのはいかがなものか。ぼくは何度もそう感じ、心の中で反発してきた。

だが、もう一度改めて日本史全体を俯瞰したときに、そうした方法は存外あやまっていないのではないか、という気がしてきた。というのは、最近になってようやくぼくは文字化できたのだが、わが国には「日本の歴史はぬるい」という特徴があるようなのだ。そして、明治維新以降の動向は、その特質の例外としてとらえられそうだ、江戸時代までの歴史とはまったく性格を異にするかもしれない、との認識をもつにいたったからである。

改めて言うまでもないが、日本は島国であった。問題はこの事実をどう解釈していくかである。近年の歴史学は「江戸時代・日本は鎖国をしていなかった」説の隆盛に見られるように、島国ではあっても、日本は世界、とくに東アジアの国々と密接な関係を常に保っていた、という点を強調してきた。それに対してぼくは、いや近代科学の導入が遅々として進まなかった一事からして、どう見ても江戸時代・日本は国を閉ざしていただろう。また中世日本の政治動向においても、海外との関係はさほどの重要性をもつまい。海外との連関を強調すると大型の競争的研究費が取りやすくなる（ITとの協業と海外連携が採択されやすいように思う）からといって、結論ありきでそちらに寄せて研究を進めるのは違うんじゃないか、との批判を抱いていた。

そうした批判や疑念が自分の中で確固たる重みをもつようになったのは、昨今の新型感染症の流行に直面したときであった。人類史上で最悪の感染症というと、中世ヨーロッパ人口の四分の一、悪くすると三分の一の生命を奪ったというペストである。当時、モンゴルは世界帝国を築いていたために、シルクロードを経由して、この悪魔の感染症は中国大陸に到達し、ここでも多くの生命を奪った。モンゴルが作った元王朝が滅んだ主要な原因の一つが、ペストによる大打撃であった、とされる。

周知のように、元は二度にわたって日本に攻撃を仕掛けてきた。それがなんで失敗したかはさておいて、「日本と海外は常に密な関係をもっていた」派の研究者は、そうした戦いはあったにせよ、日本と元の間には頻繁な経済の取引があったと強調していた。だが、実際のところ、ペストは日本には「来ていない」のだ。これは「たまたま」で済ませられる話なのだろうか。

もう一つ実例を出そう。七〇〇年頃、天武・持統天皇の日本は、唐に「国号を日本とすること、国のトップに立つ王さまを天皇と称すること」を報告した。元号も朝鮮半島の高麗やベトナムの王朝とは異なり、押しつけを拒否して自国で選定した。この後二百年にわたり遣唐使が派遣され続けているところからすると、唐王朝はこうしたことを咎め立てていない。消極的にせよ認めていたと考えられる。

中国王朝の朝貢貿易、冊封のあり方は本来はまことに厳密なものであった。彼らが野蛮な国と目する周辺諸国の王が、これ以上なく貴い「皇帝」と肩を並べるような名（「天皇」はまさにそれ）をもつことは、それこそ「夜郎自大」として許さることではなかった。にもかかわらず、わが国は日本であり、王は天皇である。日本は唐から、朝鮮やベトナムをはるかに超えるような、高度な文化をもつ国と認められたのか？　戦前日本は無理やりそう解釈した。だが中華帝国の尊大さからして、そんなわけはないのではないか。とすると、答えは、日本が遠い遠い国だから、しかあるまい。船に乗らねば行くことができない、しかも船四艘のうち一艘は沈む。そんな遠くにある島国だから、まあ目をつぶるか、良しとするか、になったのではないか。

このように日本は東アジアでも「遠い存在」であった。それがぼくの日本史理解の基本になる。そしてそのことがもたらす日本史の特徴が、「日本の歴史はぬるい」である。

日本は日本人だけで、比較的穏やかにやってきた。ヨーロッパや中国のような、凄惨な変化はほとんど見られない。王朝の交代も革命もない。たとえば武家政権が初めて誕生した鎌倉時代には血で血を洗う政権抗争が幕府内である程度起きているが、室町幕府、江戸幕府と時代を経るに従い、そうしたものは影を潜めた。織田信長を除けば、大量虐殺もない。昔のもの（歴史資料や文化遺産など）が破壊されずに残っていることは世界一である。これらはわが国が島国で、のんびりやってきた結果ではないか。他国からの厳しい侵掠を受けたことがないためではないか。

少なくとも表面的には、のんびりやっていく。鎖国をした江戸時代はその好例だろう。

人口は増加し、人びとは安心して勉強した。近代科学は導入されないが、識字率は世界で類を見ないほど上がり、町人文化が花開き、職人芸が究められる。そうした空気が一変したのは、外圧に晒されたとき、であった。すなわち黒船がやって来て、庶民までが外国の存在を知る。もう日本だけでやっていくのはムリだ。うかうかしていたら、食い物にされる。植民地というのにされてしまう。日本列島に暮らすみなが危機感を分有したときに、七百年続いた武士の世が終わり、近代国家が誕生した。

近代科学は船や飛行機を造ったから、日本は島国であって島国でなくなった。明治維新から百五十年、私たちは否応なく、外国を意識しなくては生活できなくなった。このことが、「江戸時代まで」と「明治時代から」の大きな違いである。二千年以上の長きにわたる日本史を大きく二つに分けるとき、この点を以て前近代と近代というふうに、年代から見るとアンバランスに分けるのが合理的、な所以《ゆえん》である。もっとも、しばしば「前近代の十年の変化は、近代では一年で引き起こされる」と指摘される。これに従えば、近代の百五十年は前近代の千五百年分に相当するので、勘定は合うのかもしれない。

明治維新で日本列島は性格を大きく変えた。くり返すが、島国でなくなった。外国との切磋琢磨の日々が始まった。もう、日本の「ぬるい日」は終わりを告げた。これらの点を重視することを、ぼくはまことに正しいと考える。

明治・大正から昭和初期に活躍された大学者、内藤湖南先生（一八六六～一九三四）は、「現代につながるのは応仁の乱以降の歴史だ。それ以前の歴史はよその国の歴史と変わらない」と喝破された。大学者らしい思い切った見識であり、ただ惜しむらくは根拠が示されていない。長年の研究を積み重ねた、大学者の肌感覚であろうか。

内藤先生の猿まねを許されるなら、ぼくは「現代につながるのは明治維新からの歴史だ。もっともそれ以前の歴史はよその国の歴史と同じ、などとは、小物なので恐ろしくて言明できないけれども」と指摘し、根拠として「島国であるか、島国ではなくなったか」を挙げる。こうした観点に立つならば、冒頭でふれた政治家たちの発言も、理にかなっていることになるのだ。

さて、そうした考察を重ねたとき、近代を勉強する必要をぼくは痛感した。前近代のことなら、ある程度は勉強している。中世史の研究者として、隣り合う時代、古代と近世の歴史にはひととおりの目配りはしているつもりである。なに、たいしたことではない。これらの時代を学ぶ研究者は、ぼくを含めて文学部出身者が大半を占めている。同じような発想をし、同じように論理を展開する。だからこれらの研究者の成果をフォローすることは、さして難事ではないのだ（例外的に近世の政治史・思想史には、法学部の優秀な先生が参入されるが）。

近現代史は違う。法学部からも、経済学部からも、同じ文学部といっても社会学から、国文学から、と様々な研究者がそれぞれの視点に基づいて時代解釈を積み重ねている。これは一筋縄ではいかないぞ、そう思っているところに、簑原俊洋先生との対談のお誘いをいただいた。

簑原先生といえば、国際政治学者として名高く、日本からの視点、アメリカからの視点を併せ持ち、現代社会に鋭く斬り込む俊秀である。ぼくは思わず飛びついた。対談というよりも、教えを請いたい、と。年齢はぼくの方が上？　そんなことは恥ではない。伊能忠敬は二十も年下の高橋至時に弟子入りしたではないか。

日本が島国でなくなった時代を、簑原先生から学びたい。前近代史とは全く異なる、新しい分野の知見を得たい。そんな気持ちで、この対談は進んでいった。

実に面白かった。ワクワクした。簑原先生には感謝しかない。いや流石に前述の伊能のように、高橋先生の隣に自分を葬ってくれとまでは言わないけれども。ぼくのそんな気持ちが読者のみなさんに伝われば、これに過ぎる喜びはない。ご一読、ありがとうございました。

本郷和人 ほんごう・かずと
1960年、東京都生まれ。東京大学史料編纂所教授。東京大学卒業、同大学院人文科学研究科博士課程単位取得。博士（文学）。石井進氏、五味文彦氏に師事。専門は日本中世政治史、古文書学。『大日本史料』第五編の編纂を担当。主な著書に『中世朝廷訴訟の研究』（東京大学出版会）、『新・中世王権論』（文春学藝ライブラリー）、『軍事の日本史』（朝日新書）、『歴史学者という病』（講談社現代新書）、『徳川家康という人』（河出新書）ほか多数。

簑原俊洋 みのはら・としひろ
1971年、米国カリフォルニア州出身。神戸大学大学院法学研究科教授。認定NPO法人インド太平洋問題研究所理事長。カリフォルニア大学デイヴィス校卒、神戸大学大学院法学研究科博士後期課程修了。博士（政治学）。専門は日米関係・安全保障など。主な著書に『排日移民法と日米関係』（岩波書店）、『アメリカの排日運動と日米関係』（朝日新聞出版）、『ハンドブック近代日本外交史――黒船来航から占領期まで』（ミネルヴァ書房、編著）ほか。

構成・執筆協力：京谷一樹
編集協力：滝沢弘康（かみゆ歴史編集部）

朝日新書
896

「外圧《がいあつ》」の日本史《にほんし》

白村江の戦い・蒙古襲来・黒船から現代まで

2023年2月28日第1刷発行

著者 本郷和人
箕原俊洋

発行者 三宮博信
カバーデザイン アンスガー・フォルマー　田嶋佳子
印刷所 凸版印刷株式会社
発行所 朝日新聞出版
〒104-8011　東京都中央区築地5-3-2
電話　03-5541-8832（編集）
03-5540-7793（販売）

Published in Japan by Asahi Shimbun Publications Inc.
ISBN 978-4-02-295207-3
定価はカバーに表示してあります。

落丁・乱丁の場合は弊社業務部(電話03-5540-7800)へご連絡ください。
送料弊社負担にてお取り替えいたします。

朝日新書

歴史の逆流
時代の分水嶺を読み解く

長谷部恭男
杉田　敦
加藤陽子

大戦時と重なる日本政府のコロナ対応の失敗、核保有大国による独立国家への侵略戦争、戦後初の首相経験者の殺害……戦前との連続性ある出来事が続くなか、歴史からどのような教訓をくみ取るべきか。憲法学・政治学・歴史学の専門家が、侵略・暴力の時代に抗する術を考える。

どろどろのキリスト教

清涼院流水

キリスト教は世界史だ。全キリスト教史、超入門。教会誕生から21世紀現在のキリスト教までの2000年間を、50のどろどろの物語を通じて描く。キリスト教初心者でも読めるように、素朴な疑問からカルト宗教、今日的な問題まで盛り込んだ教養を高める読みものです。

名著入門
日本近代文学50選

平田オリザ

作家と作品名は知っていても「未読」の名著。そんな日本近代文学の名作群を、劇作家・演出家の著者が魅力的に読み解く第一級の指南書。樋口一葉から鷗外、漱石、谷崎、川端、宮沢賢治、三島由紀夫、司馬遼太郎らまで、一挙50人に及ぶ名著を紹介。本を愛する読書人必読の書。